10년 후 어떤 삶을 살 것인가

자기 인생의
각본을 써라

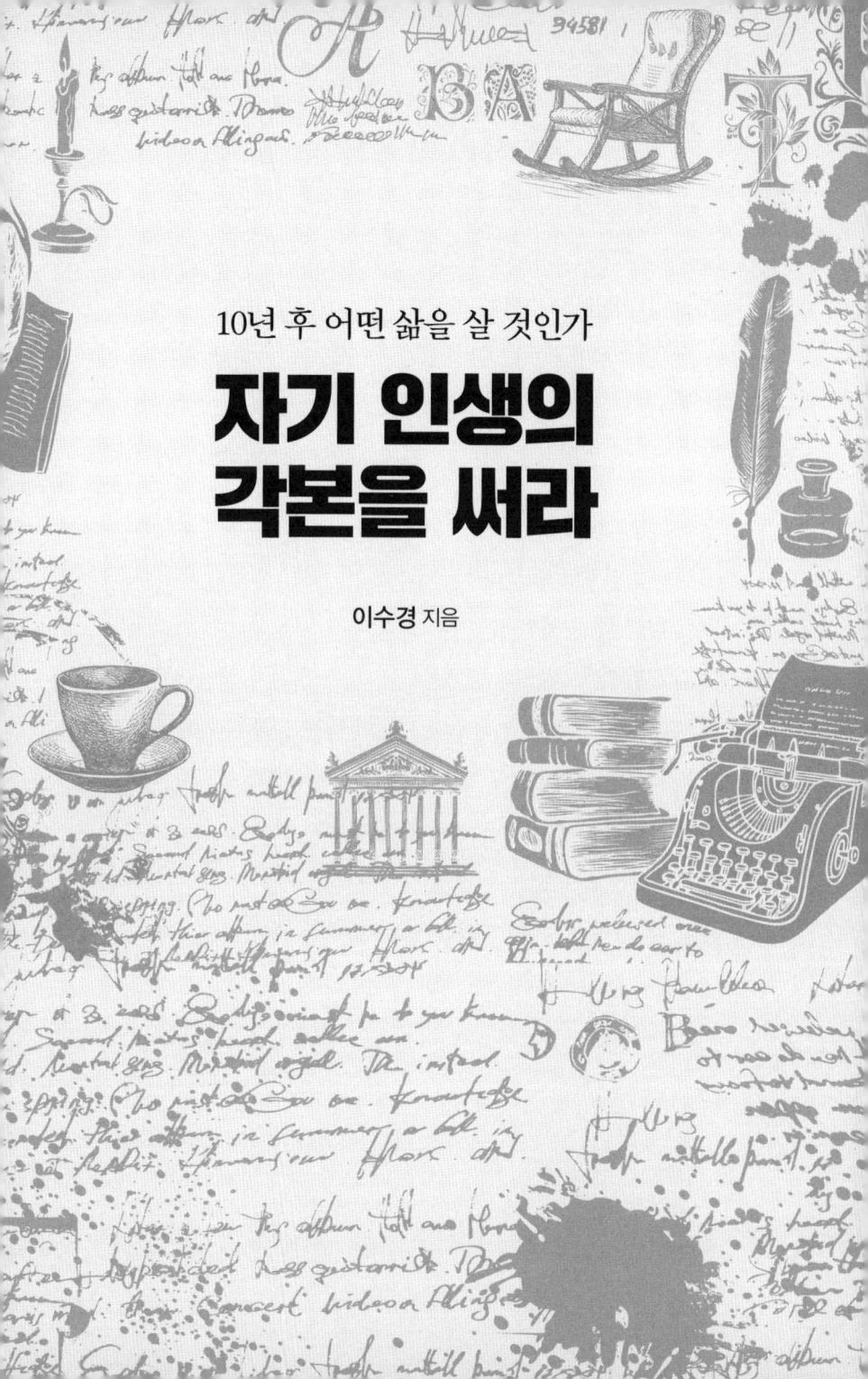

10년 후 어떤 삶을 살 것인가

자기 인생의 각본을 써라

이수경 지음

추천사

인생 각본 없이 각성도 없고 성장도 없다
_ 유영만, 한양대학교 교수·지식생태학자·『아이러니스트』 저자

인생 각본은 가슴 뛰는 삶을 살아가는 사람에게 설계도 역할을 하는 미래 청사진이다. 각본 없는 인생은 설계도 없이 집을 지으려는 위험한 건축가의 삶과 다를 바 없다. 물론 각본대로 풀리지 않는 게 인생이다. "때로는 잘못 탄 기차가 올바른 방향으로 데려다준다." 파울로 코엘료Paulo Coelho의 말처럼 계획대로 풀리지 않고 생각지도 못한 사고나 사건이 터지는 경우가 많다. 그럼에도 불구하고 마음속에 자신의 미래를 어떻게 살아갈지 구도를 가진 사람과 그렇지 않은 사람 간에는 천지 차이가 난다. 어디를 향해서 무엇을 하면서 어떻게 살아갈지를 구체적으로 작성하지 못할 수도 있다. 나는 무엇을 위해서 왜 살아야 하는지에 대한 청사진을 어렴풋하게나마 가진 사람이라야 시류에 흔들려도 다시 중심을 잡고 본연의 삶으로 돌아와 내가 원하는 삶을 추구할 수 있다.

이 책의 저자인 이수경 회장과의 인연은 참으로 오래됐지만

늘 새로운 만남으로 다가온다. 그 이유는 늘 자기 변신을 거듭하면서 말과 행동이 일치하는 지행일치知行一致를 넘어 삶으로 앎을 증명하며 심장 뛰는 삶을 살아가는 지행합일知行合一의 전형적인 모델로 다가오기 때문이다. 글에는 그 사람의 삶이 녹아 있다. 글과 삶이 일치하는 이유다. 글을 보면 그 사람의 삶의 얼룩과 무늬가 씨줄과 날줄로 엮여 아름다운 문장이 드러난다. 이 책『자기 인생의 각본을 써라』도 오랜 시간 스스로 실천하면서 몸으로 깨달은 체험적 지혜의 산물이다. 몸으로 쓴 글이기에 의미가 머리로만 이해되지 않고 심장으로 다가온다. 이 책을 통해 전하려는 의미가 심장에 꽂혀 의미심장한 이유다.

각본 없이 험난한 인생 바다에 뛰어드는 것은 목적지를 잃고 망망대해를 표류하는 위태로운 배와 같다. 인생 각본은 배우가 무대에 올라가기 전에 자신의 역할을 하기 위해 어떤 연기를 펼쳐야 할지를 알려주는 대본과 같다. 물론 상황에 따라서 임기응변을 발휘해서 순간적인 위기를 극복해야 되는 경우도 많이 발생한다. 하지만 각본이 없는 연기를 펼치는 무대는 중구난방衆口難防으로 전락할 수 있고 풍전등화風前燈火처럼 한 치 앞을 내다볼 수 없이 위태롭게 바뀔 수도 있다. 연기에 필요한 각본은 다양한 가상의 상황을 설정하고 해당 상황에 요구되는 연기자별 역할을 처방해주며 내가 어떤 연기를 펼쳐야 할지를 알려주는 지침서나 다름없다. 만약 각본 없는 연기에 맞닥뜨린다면 어느 정도 임기응변으로 난국을 타개할 수 있다. 하지만 연기를 통해 내 삶은 물론 청중들의 삶을 이전과 다른 방향으로 선회하는 소중한 역할을 할 수 없을 것이다.

인생의 각본은 어떤 삶을 살아가든 가장 밑바탕이 되는 기본이자 열매를 맺기 위해 뻗어야 하는 뿌리, 즉 근본에 해당된다. 인생 각본은 다른 사람에게 자랑스럽게 내 삶이 가진 고유한 특성을 보여주는 표본이자 견본이다.

각본은 기본基本이다. 기본은 모든 일의 밑바탕이 되는 기초基礎다. 밑바탕이 허술하면 그 위에 집을 아무리 정성스럽게 지어도 사상누각沙上樓閣이 된다. 기본기를 연마해야 응용동작을 할 수 있고 새로운 지식과 기술을 창조할 수 있다. 기본 없이 기능을 연마하거나 기술을 개발할 수 없다. 마찬가지로 인생 각본은 나의 인생에 꼭 필요한 기본이 무엇인지를 알려주는 지침서다. 기본 없는 각본은 자기 삶을 기만하는 행위다. 모든 일의 기초가 되는 본질을 올바르게 파악하고 이해해서 기본에 충실하면 아무리 어려운 일이라도 쉽게 극복할 수 있다. 기본을 지키지 않으면 기분이 나빠진다. 기본은 기교나 기능이 아니다. 기본은 어떤 일을 추진하는 과정에서 밑바탕이 되는 터전이다. 인생의 각본은 어떤 삶을 살아가더라도 모든 사람에게 필요한 터전이다.

각본은 근본根本이다. 기본을 연마하면 자신도 모르게 튼실한 뿌리가 생긴다. 뿌리가 깊은 나무는 비바람에 흔들려도 뿌리까지 뽑히지 않는다. 기본이 어떤 일을 하는 순서상 심오한 전문가적 수준 이전에 알고 있어야 될 착안 사항 또는 권장 사항이라고 볼 수 있다. 하지만 근본은 모든 일의 토대가 되기 때문에 권장 사항이라기보다는 반드시 갖추고 있지 않으면 안 되는 필수적인 의무 조항이다. 근본적인 토대 없이, 즉 정초定礎 없이 집을 짓기가 불가능한 것처럼 어떤 일을 할 때 뿌리의 탄탄함이 확보되지 않고서는 금방 무너지기 십상이다. 근본이 없이는 그 어떤 것도 축적, 성사, 성취될 수 없다. 각본 없이 인생을 살아가는 사람은 뿌리 없이 나무를 키우겠다는 발상을 하는 것과 같다.

각본은 견본見本이다. 전체 상품의 품질이나 상태 따위를 알아볼 수 있도록 본보기로 보이는 물건을 견본이나 표본標本이라고 한다. 누군가에 본보기가 되는 삶을 살아가려면 철저한 준비가 필요하다. "준비에 실패하는 것은 실패를 준비하는 것이다." 벤저민 프랭클린Benjamin Franklin의 말이다. 각본 없이 불확실한 인생 바다에 뛰어든다는 의미는 실패를 위해 자기 몸을 던지는 행위나 다름없다. 뭔가 다른 사람에게 삶의 표본이나 견본이 되려면 내 삶을 어떻게 살아갈 것인지를 청사진으로 그려 놓은 견본이나 표본이 있어야 한다. 각본은 내 삶의 단면을 보여주는 계획이지만 그 속에는 내가 진정으로 추구하는 삶의 철학과 가치가 담겨 있는 견본이나 표본이다.

각본은 탁본拓本이다. 탁본은 기와나 기물 따위에 새겨진 글씨나 무늬를 종이에 그대로 떠내거나 그렇게 떠낸 종이다. 인생 각본은 내가 앞으로 어떻게 살아갈지를 큰 그림을 그린 다음 주어진 상황과 기간에 따라 무엇을 위해 어떻게 살아갈지를 구상해서 그린 미래 설계도다. 각본은 결국 나의 미래지향적 삶의 구도와 방향을 구체화해 어떻게 살아가는 것이 행복한 삶인지를 보여주는 증표다. 각본이 탁본인 이유는 각본대로 내 삶을 살아가려고 발버둥 치면서 노력할 때 최소한 각본을 본뜬 탁본처럼 내 삶의 구도도 현실로 그려질 것이기 때문이다. 각본이 없으면 모방할 근거도 없다. 각본이 있어야 탁본에 모사된 대로 안간힘을 쓰면서 살아가려는 분투 노력이 시작된다.

각본은 독본讀本이다. 주로 일반인에게 전문 분야에 대한 기초적인 지식을 전달하기 위해 지은 입문서나 해설서를 독본이나 교본이라고 한다. 인생 각본은 자기 인생을 어떻게 영위할 것인지를 스스로에게 설명하고 설득하는 자기 자신을 위한 입문서나 해설서다. 각본이 독본이나 교본이 되면 내가 누구인지를 다른 사람에게도 알려주고 나의 정체성을 많은 사람이 이해하기 쉽게 들여다볼 수 있도록 설명해주는 일종의 자기 이해 촉진 지침서다. 인생 각본은 내가 누구인지, 무엇을 소중하게 생각하며 어떻게 살아가는 게 진정한 삶인지를 깨닫게 하는 지침서이자 제3자에게 설명하고 설득하는 안내서다. 각본이 없으면 그 사람이 누구인지를 드러내는 독본이나 교본도 없는 셈이다.

이렇게 각본을 철저하게 마련해도 인생은 각본대로 풀리지 않는 경우가 비일비재하다. 그럴 때 새로운 배움이 시작된다. 생각지도 못한 일을 당하면 생각지도 못한 생각이 잉태된다. 시련과 역경을 경험해봐야 역경을 뒤집어 경력으로 만들 수 있다. 우여곡절과 파란만장한 삶을 살아본 사람만이 사람의 심금을 울리는 파란 문장을 쓸 수 있다. 각본대로 미래는 나에게 순순히 다가오지 않는다. 예측 불허의 변수가 나타나 본래의 각본을 무용지물로 만드는 최악의 상황이 펼쳐지기도 한다. 미래를 완벽하게 준비할 수 없지만 준비에 실패하면 실패를 준비하는 것이나 마찬가지다. 자본보다 더 중요한 게 각본이다. 각본이 치밀하고 그걸 실현하는 과정이 처절할수록 자본은 나에게 부산물로 다가온다.

각본을 중심으로 인생 전략을 수립하고 실천하는 가운데 자본은 나도 모르는 사이에 선물로 다가올 것이다.

매뉴얼도 통용되지 않고, 확고부동한 가이드라인도 없고, 로드맵대로 움직이지 않는 미래가 불확실성을 품고 우리에게 위협적으로 다가온다. 그럼에도 불구하고 나다움을 찾아가는 인생 여정을 떠나려면 지금까지 하던 대로 하지 않고 지금부터 다르게 살아가야 한다. 나다움은 자기 인생의 주인으로 살아가는 사람이 가장 자기다운 색을 드러낼 때 자신도 모르게 나타나는 아름다움이다. 색다름이 곧 자기다움이고 가장 자기다운 사람이 가장 아름다운 사람이다. 그래서 색다름과 자기다움과 아름다움은 동격이다. 색달라지면 저절로 남달라진다. 색다르게 살아가려면 자기다움을 추구하는 인생 각본이 있어야 한다. 자기다움을 드러내는 인생 여정을 살다 보면 그 누구도 흉내 내기 어려운 스토리story가 생기고 스토리가 축적되면 히스토리history가 생긴다. 히스토리가 누적되면 나만의 고유함이 드러나는 나만의 방식my way이 비로소 고개를 들기 시작한다.

이 책은 삶의 현장에서 사투를 벌이며 건져 올린 살아 있는 앎의 산물이기에 머리로 가지 않고 바로 가슴으로 다가와 심장을 공략한다. 이해하면 머리가 끄덕여지지만 실천으로 바로 연결되지는 않는다. 하지만 감동받으면 바로 행동한다. 책을 읽고 이해하는 수준을 넘어 독자를 감동시키는 비법과 체험적 지혜가 곳곳에서 숨을 죽이고 있다. 입이 아니라 손으로, 머리가 아니라 몸으로 삶 속에서 깨달은 깨우침을 마주침에서 창조하는 이수경 회장의 이 책은 세상이 막막하다고 우왕좌왕하거나 노심초사하는 모든 사람들을 행복한 인생으로 안내하는 인생 지침서다. 읽으면 반드시 중독되는 필독서가 아닐 수 없다.

프롤로그

> "10년 후를 쓴
> 인생의 각본이
> 필요하다"

"인간은 행복하기 위해 산다. 행복은 인간의 최고선이다."
아리스토텔레스Aristoteles가 한 말이다. 사람은 누구나 행복하기를 원한다. 또 성공하기를 바란다. 그래서 공부도 하고 운동도 하고 돈도 모으고 연애도 하고 결혼도 하고 아이도 낳아 키우고……. 남들처럼 이것저것 다 해본다. 인간이 하는 모든 행위는 행복하기 위해서다. 불행하기 위해 사는 사람은 없다.

삶에 대한 자신만의 정의가 없으면 불행하다

그러나 한국인들은 행복하지 않다. 한국인의 행복지수가 경제협력개발기구OECD 국가 중에서 하위를 차지하는 것은 어제오늘의 얘기가 아니다. 최근 발표된 웰빙지수*도 주요 국가 23개국 중 4년 연속 꼴찌라고 한다. 왜 그럴까? 행복에 대한 잣대가 문화권에 따라 다른 것은 당연한 일이다. 그런데 왜 유독 한국인의

---

* 라이나생명 모그룹인 글로벌 헬스 서비스기업 시그나그룹이 '건강과 웰빙' 전반에 대한 인식을 알아보는 시그나 360도 웰빙지수

삶의 만족도가 낮은 걸까? 왜 세계 10위권의 경제 강국이면서도 그렇게 불행한 사람의 비율이 높을까? 삶에 대한 자신만의 정의가 없어서 그런 것이 아닐까?

한국전쟁 이후 한국인의 삶의 기준은 신분 상승과 경제력이었다. 전쟁의 폐허를 딛고 불과 60년 만에 세계 10위권 국가로 도약했으니 이해도 간다. 그런 헝그리 정신이 없었다면 비약적인 발전은 불가능했을 것이다. 하지만 그러다 보니 자기 삶을 살지 못하고 늘 남과 비교하며 살게 됐고 상대적으로 행복하지 않다고 생각하는 것이다. 어린 학생들조차 서로 아파트 평수를 따지고 아버지 자동차가 큰지 작은지 따지며 우열을 가리는 것이다. 그러면서 금수저, 은수저, 쇠수저, 흙수저 타령을 늘어놓는다.

이걸 다른 말로 하면 내 삶의 각본이 없어서 그렇다. 자신만의 각본이 없어서 그렇다. 소위 '무 각본' 족이다. 그런 사람들이 너무 많다. 영화감독에게 각본이 없다면 어떨까? 어느 감독이 각본 없이 대충 영화를 만들다 흥행에 성공한 다른 영화를 흉내 내고 따라 하고 그러기를 거듭한다면 어떤 영화가 만들어질까. 멜로인지, 오락물인지, 액션물인지 모를 잡탕 영화가 만들어질 것이다. 그런 쓰레기 같은 영화를 누가 보겠는가? 인생도 마찬가지다. 내가 어떻게 살아가야 할지, 10년 뒤나 20년 뒤 어떤 모습의 사람이 될지 자신만의 각본이 없다면 이도 저도 아닌 인간이 된다. 반대로 자신만의 각본이 있다면 세상 또는 다른 사람들이 내 삶을 휘두르지 못한다.

인생의 각본이란 무엇인가? 인생 지도다. 인생 내비게이션이다. 가까운 여행지를 찾아가도 지도나 내비게이션을 이용해 목적지를 찾아가는데 100세 인생을 살면서 자신의 목적지가 없고 지도가 없다는 건 얼마나 한심한 일인가. 똑같은 환경에서 태어났어도 잘되는 사람이 있고 안 되는 사람이 있다. 흙수저로 태어난 쌍둥이가 왜 한 사람은 성공하고 다른 한 사람은 실패할까? 각본의 유무 차이다. 인간이 동물과 다른 점은 태어난 대로 살지 않는다는 것이다. 약한 동물은 평생 강한 동물에 쫓겨 다니다 일찍 삶을 마감한다. 그러나 인간은 다르다. 어떤 역경도 얼마든지 역전이 가능하다.

"생각하는 대로 살지 않으면 사는 대로 생각하게 된다."

프랑스 소설가 폴 부르제Paul Bourget가 한 말이다. 나는 이 말을 좀 바꾸어보았다. "생각하는 대로 살지 않으면 아무 생각 없이 살게 된다." 내가 내 삶의 주인이 아니라 삶이 내 주인이 된다. 나는 내 삶의 하인이 될 뿐이다. 내 인생의 각본이 필요하다. 좋은 영화를 만들려면 치밀한 각본이 있어야 하듯이 인생에도 자신만의 각본이 필요하다. 각본 없는 인생은 대충 살 수밖에 없다. 좌충우돌 살아가다 어느 날 지난 삶을 돌아보며 "어, 이게 아닌데…… 내 인생이 왜 이렇게 됐지?" 한다면 되돌리기가 쉽지 않다.

자기 인생의 각본 쓰기는 '자기다움'을 찾는 일이다

특히나 요즘은 뷰카VUCA란 말로 대변되는 시대다. 뷰카란 변동성Volatility, 불확실성Uncertainty, 복잡성Complexity, 모호성Ambiguity의 앞 글자를 딴 말인데 원래는 상황 파악이 제대로 되지 않아서 유동적이고 즉각적인 대응과 경각심이 요구되는 상황을 말한다. 전쟁에서 사용되던 말이 기업은 물론 개인에게도 사용되고 있다. 지금과 같이 하루 자고 나면 많은 것이 달라지는 불확실한 세상일수록 흔들리지 않는 인생 지도가 필요하다. 세상을 살아가는 지혜와 도리가 필요하다.

자기 인생의 각본 쓰기는 '자기다움'을 찾는 일이다. 고대 그리스의 철학자 소크라테스Socrates는 "너 자신을 알라."라고 일갈했다. 그 질문은 지금까지도, 아니 인류가 살아 있는 한 유효할 것이다.

왜 인류는 수천 년 동안 그 질문에서 벗어나지 못할까? 그건 자신이 누군지 모르고 살다 삶을 마감하는 사람들이 너무나 많기 때문이다. 철학의 목적이 뭔가? 인간답게 사는 방법을 찾는 학문이다. 누구에게나 통용되는 보편적 지혜도 찾지만 개인이 자기다운 삶을 살아가는 데 필요한 지혜를 찾아야 한다. 그게 인생의 목적이다. 그게 바로 각본을 쓰는 작업이다. 이 책이 여러분이 자기 인생의 각본을 쓰는 데 동반자가 될 것이라 믿는다.

2021년 6월
이수경

목차

추천사 인생 각본 없이 각성도 없고 성장도 없다 　　　　　　4
　_ 유영만, 한양대학교 교수·지식생태학자·『아이러니스트』 저자

프롤로그 10년 후를 쓴 인생의 각본이 필요하다 　　　　　　12
　삶에 대한 자신만의 정의가 없으면 불행하다 • 13 ㅣ 자기 인생의 각본 쓰기는 '자기다움'을 찾는 일이다 • 16

1장
ㅣ자기 인생의 각본이 있는가ㅣ

에피소드 회사가 팔리다 　　　　　　25
회사는 당신을 책임지지 않는다 • 28 ㅣ 인생의 각본을 잘못 쓰면 위기에 빠진다 • 30

1 그래도 삶은 계속돼야 한다 　　　　　　32
삶은 사는 게 아니라 살아내는 것이다 • 33 ㅣ 위기를 견뎌낼 면역체계를 만들어야 한다 • 36 ㅣ 나는 내 삶의 주인공이다 • 38

2 전체 각본이 있으면 견딜 수 있다 　　　　　　40
인내는 쓰고 열매는 달다는 것을 기억하자 • 41 ㅣ 작은 스케치 한 장이 걸작을 만든다 • 42

3 인생은 험난한 길을 헤쳐 나가는 것이다 　　　　　　46
인생의 매 순간에 의미를 부여하자 • 47 ㅣ 인생을 길게 보고 각본을 짜보자 • 49

4 미래는 정해져 있지 않고 하기 나름이다 　　　　　　53
그럼에도 미래를 예측해야 한다 • 54 ㅣ 시련에 굴복하고 주저앉지 말자 • 56

5 자신만의 인생 설계도를 만들자 　　　　　　59
인생 설계도는 10년 후 자신에게 하는 약속이다 • 60 ㅣ 10년, 20년, 30년 뒤를

구체적으로 그려보자 • 61 | 지금 당장 하지 않으면 영원히 못 한다 • 63

6 자기 인생의 주인공이 돼야 한다   **65**
내 인생의 해시태그를 정해야 한다 • 66 | 자신의 각본대로 주도적으로 살아야 한다 • 68

7 자기 인생의 각본을 직접 써야 한다   **71**
아직 다가오지 않은 미래를 기록하라 • 73 | 최악의 상황에서도 삶의 의미를 기억하자 • 75

8 인생의 각본을 어떻게 쓸 것인가   **78**
자신의 정체성을 한 문장으로 정의하라 • 79 | 어떻게 인생의 각본을 작성할 것인가 • 80

9 인생을 자신의 것으로 만들어야 한다   **88**
인생의 각본을 썼으면 행동으로 옮겨라 • 90 | 기꺼이 낯선 사람을 만나고 도움을 받아라 • 91

2장
| 성공하는 인생의 각본을 써라 |

에피소드 국제 소송에 걸리다   **97**
호랑이 굴에 들어가도 정신만 차리면 된다 • 98 | 위기일수록 더 냉철하게 대응해야 한다 • 100

1 삶을 미리 준비해보자   **102**
준비된 자만이 기회를 놓치지 않는다 • 104 | 기회는 찾아오는 게 아니고 찾아야 한다 • 107

2 상처와 실패를 지혜의 초석으로 삼자   **109**
인생의 성공은 타인이 아니라 자신에게 달렸다 • 111 | 비관주의에 빠져 있으면

백약이 무효다 • 113

3 왜 우리는 변화하지 못하는가　　　　　　　　　　115
우리는 인생의 변곡점을 통해 성장하고 변화한다 • 116 | 아무것도 하지 않으면 아무 일도 일어나지 않는다 • 118

4 삶에는 우여곡절이 있게 마련이다　　　　　　　　121
우리는 실패를 통해 비로소 자신을 되돌아본다 • 122 | 어떻게 회복탄력성을 키울 것인가 • 124

5 문제의 여지를 남겨두지 마라　　　　　　　　　　127
언제든 대형 사고가 터질 수 있다 • 129 | 미리 선제적으로 대응하라 • 131

6 모든 책임은 자신이 지는 것이다　　　　　　　　　133
좋은 일이든 나쁜 일이든 내 책임이다 • 135 | 자기 삶의 주체로서 책임을 지자 • 137

7 오래 사는 하루살이가 되지는 말자　　　　　　　　139
10년 후 어디에 가 있을까 • 140 | 지금의 나는 10년 전 각본의 결과물이다 • 143

8 불가능에서 '불' 자만 지우면 가능이다　　　　　　145
불가능한 일과 힘든 일을 구분하라 • 147 | 그 일은 불가능한 게 아니라 힘들 뿐이다 • 148

9 신세계를 찾아 떠나자　　　　　　　　　　　　　　151
맨날 하던 행동만 하면 신세계를 보지 못한다 • 152 | 연이어 신세계를 보는 인생을 만들어가자 • 153

10 인생에 정면으로 맞서 싸워보자　　　　　　　　　157
간절히 원하면 온 우주가 도와준다 • 158 | 도전, 그냥 한번 해보는 것이다 • 159

3장
| 후회 없는 인생의 각본을 써라 |

에피소드 다 때려치우고 싶을 때   **165**
꽃길이 열리나 보다 할 때 가시밭길이 열린다 • 166 | 다시 한번 해보면 새로운 길이 열린다 • 169

1 철저한 준비가 성공의 열쇠다   **171**
준비하지 않은 상태에서 경기하면 필패한다 • 173 | 지난 시즌에 우승했다고 이번에도 우승하지 않는다 • 175

2 공든 탑이 무너지지 않게 조심하라   **179**
인생에도 과속방지턱이 필요하다 • 180 | 단 한 번의 실수도 경계하라 • 181

3 자기 인생의 스포일러가 돼라   **184**
선언하라! 그러면 이루어진다 • 186 | 자기 선언은 자기와의 싸움을 만천하에 알리는 것이다 • 189

4 인생은 한 걸음씩 가는 것이다   **191**
땀과 노력은 절대 배신하지 않는다 • 192 | 어제보다 더 나은 오늘을 위해 열심히 살자 • 194

5 그저 열심히가 아니라 잘 살아야 한다   **196**
왜 열심히 살았는데도 후회할까? • 197 | 인생의 리모델링 각본도 써야 한다 • 199

6 스토리가 없으면 히스토리도 없다   **203**
나의 스토리를 기록하라 • 205 | 각본을 수시로 새로고침하고 점검하라 • 207

7 방향을 잃으면 방황하게 된다   **210**
인생 지도는 지혜와 도리다 • 212 | 일평생 인생의 각본을 써라 • 214

8 왜 우리는 해야 할 일을 미룰까 **216**
편안하게 지낼 때일수록 각본이 필요하다 • 218 | "괜찮다."라는 말은 절대 괜찮지 않다 • 220

9 자신만의 콘텐츠를 만들어라 **222**
남의 인생을 흉내 내는 아류가 되지 말자 • 223 | 나만의 경험과 콘텐츠를 쌓으면 늙지 않는다 • 226

10 뻔한 사람과 어울리지 마라 **229**
체험적 지식을 쌓기 위한 공부를 하라 • 230 | 평생학습을 하면 뇌세포가 늙지 않는다 • 233

에필로그 내 인생의 전성기는 아직 오지 않았다 **235**

1장

자기 인생의 각본이 있는가

내가 호텔 종업원으로 일할 때 나보다 뛰어난 사람은 얼마든지 있었다.
하지만 그들은 나처럼 하루도 빠짐없이 자신의 미래를 생생히 그리지는
않았다. 노력이나 재능보다 훨씬 중요한 것은 성공을 꿈꾸는 능력이다.
-콘래드 힐튼

에피소드

{ 회사가 팔리다 }

●

"전무님! 회사가 팔린다는데요?"
"뭐? 그게 무슨 말이야? 어떤 회사에? 내가 좀 알아볼게."
신나리 전무는 무슨 말도 안 되는 소리냐며 손사래를 쳤다. 그렇지만 심각한 얼굴로 물어보는 직원의 말을 마냥 무시하기가 힘들었다. 그는 사실 확인을 위해 사장실을 찾았다. 사장은 그런 일은 없다면서 누군가 헛소문을 퍼뜨리는 거 같다고 말했다.
신 전무는 사장에게 직접 아니라는 말을 듣고 한시름 놓았다.

그런데 이상하게도 소문은 잦아들지 않고 계속 돌았다. 그때마다 사장이 워낙 단호하게 아니라고 하니 잘못된 소문이려니 생각했다. 그러나 그의 믿음은 얼마 지나지 않아 산산조각이 나고 말았다. 그 소문은 사실이었던 것이다. 이미 업계에서 알 만한 사람은 다 아는 일이 돼버렸다. 소문의 반전은 또 있었다. 연 매출액 1,000억 원짜리 회사를 인수한 회사는 규모가 반의반도 안 되는 지방의 작은 중소기업이었다.

신 전무는 다시 사장실을 찾아가 따졌다. 그제야 사장은 "여차여차해서 자네한테 미리 얘기 못 했네. 극비로 진행해야 하는 일이라서. 미안하게 됐네."라고 대답했다. 신 전무는 자신이 어떻게 다 망해가던 회사를 살려놓았는지를 이야기하며 안 된다고 항의했다. 사장은 신 전무의 공을 잘 안다면서도 팔 수밖에 없었던 사정을 찬찬히 설명하겠다고 했다. 하지만 신 전무는 좀처럼 화가 가라앉지 않았다. 그는 사장한테 누가 이 회사를 살렸느냐고 항변할 정도로 회사의 핵심 인사였다.

1990년대 후반까지 회사는 창업 후 20여 년 동안 비약적인 성장을 거듭하며 국내 굴지의 건축 자재 회사로 우뚝 섰다. 그러나 회사도 지난 IMF 외환위기의 격랑을 피할 수 없었다. 졸지에 부도 신세를 면치 못했다. 회사에 하청을 주던 원청 건설회사들이 무더기로 부도가 나면서 연쇄 부도를 피할 수 없었던 것이다. 암울한 시기였다. 누구를 원망할 수도 없었다. 국가부도 위기인데 누구를 탓하고 어디 가서 하소연하겠는가. 살아야 했다. 이대로 주저앉을 수는 없었다. 사장이 비상대책위원회를 설치하고 대대적인 구조조정을 했다. 10명의 임원 중 8명을 내보내고 신 이사만 달랑 남겼다. 직원 숫자도 450명에서 170명으로 줄였다. 그때부터 뼈를 깎는 고난의 행군이 시작됐다. 장기를 비유로 말하면 차 떼고 포 떼고 졸만 데리고 일해야 했다.

1,000억 원 연 매출액이 다음 해 700억 원으로 떨어졌고 이듬해에는 450억 원까지 떨어졌다. 신 이사는 영업본부장을 맡아서 그 이후 7년 동안 허리띠, 머리띠, 신발 끈 조여 매고 월화수목금금금 일했다. 아침 7시에 출근해 밤 10시에 퇴근하는 루틴이 수년간 반복됐다. 전국 5개 지방 사무소를 매주 한 군데씩 돌았다. 어떤 날은 밤 기차 타고 새벽에 서울역에 도착해 집에 와서 눈만 붙인 후 샤워하고 다시 출근한 날도 있었다. 힘들다는 생각조차 들지 않았다. 회사가 부도가 나니 기존에 계약된 공사는 전부 해약됐고 신규 공사도 수주할 수 없었다. 망한 회사에 누가 일감을 주겠는가. 국내 공사를 할 수 없어 해외로 공사 수주와 감독을 하러 다니다 보니 2년 동안 여권에 출국 도장이 무려 38번 찍

했다. 천신만고 끝에 7년 만인 2005년 8월 회사 빚을 다 갚았다. 다시 1,000억짜리 회사로 만들었다.

회사는 당신을 책임지지 않는다

"위기는 기회다."

회사가 위기를 맞으니까 10명이던 임원을 두 명으로 줄이고 450명 직원을 170명으로 줄여도 아무 문제 없었다. 오히려 생산성이 서너 배가 뛰었다. 신 전무는 영업본부장을 맡을 때만 해도 이사였다. 그는 영업본부장이 된 지 3년 만에 상무로, 3년 뒤에는 전무로, 그리고 2년 뒤에는 부사장으로 승진했다. 그 자신도 그랬고 모든 직원이 "신 전무가 사장이 될 거다."라고 했다. 그는 조금도 의심하지 않았다. 탄탄대로가 눈앞에 보이는 듯했다.

사장의 자리가 손에 곧 잡힐 듯했다. 더군다나 1,000억 원 매출 회사가 다른 회사로 팔린다는 것은 상상도 하지 못했다. 신 전무는 화를 삭이기가 힘들었다. 아무리 오너가 아니라도 오너만큼이나, 아니 그보다 더 회사에 모든 것을 바치며 살았다. 사장은 씩씩대는 신 전무를 자리에 억지로 앉히며 설명을 이어갔다.

"사실은 말이지 내가 다른 뜻이 있었다네. 알다시피 회사 부도 이후 그동안 얼마나 많이 힘들었는가. 나도 그렇고 신 전무도 그렇고. 이렇게 죽기 살기로 회사를 다시 살렸는데 재도약해야 하지 않겠나. 그런데 걸림돌이 있어. 재도약하려면 투자가 필요한데 지금 오너는 투자할 생각이 없다네. 여력도 없고."

회장이 대주주였고 사장은 2대 주주였다. 회사를 재기시키는 데 사장과 신 전무는 혼신의 힘을 다했다. 회장은 언제나 그랬듯이 실무에 전혀 개입하지 않았다. 그런데 대주주가 그렇게 하고 있으니 평소에 뭐라 말하기도 그랬다.

"아무리 회사를 키워도 지금 구조로는 비전이 없어. 그래서 새로운 투자자를 찾았다네. 이번에 투자받아서 회사를 제대로 성장시켜 보세. 투자자가 지방에서 중소기업을 경영하는 젊은 친구인데 투자를 받아도 내가 계속해서 대표이사로 경영을 맡기로 했다네. 그러니 달라지는 건 하나도 없을 걸세. 신 전무는 나만 믿고 따라오면 되네. 새 오너가 나를 아버지처럼 따르는 친구라 내 마음대로 할 수 있을 거야. 어린 친구가 뭘 알겠나. 아무 소리 말고 지금처럼 열심히 일만 하면 되네."

당시 회사는 국내는 물론이고 해외에서도 지명도가 높았다. 그러다 보니 원자재를 공급하던 대기업 계열사들도 눈독을 들이고 있던 차였다. 직원 중에는 매각 소문이 돌자 대기업에 인수 합병됐으면 하는 기대도 있었다. 사장은 생각이 달랐다. 그렇게 되면 대기업에 회사를 뺏길 수도 있다고 염려했다. 그런데 듣도 보도 못한 지방 중소기업에 팔려버린 것이다. 고래가 새우에게 먹힌 것이다.

인생의 각본을 잘못 쓰면 위기에 빠진다

그렇게 사장은 비밀 작전 수행하듯이 회사를 팔아치워버렸다. 그 어려운 시기를 한마음으로 똘똘 뭉쳐 이겨낸 직원들의 허탈감은 이루 말할 수가 없었다. 그중에서도 신 전무의 충격이 제일 컸다. 더욱이 사장 자리를 바라보던 그의 심정이 어땠겠는가? 그런 그와 한마디 상의도 없었다. 그는 월급쟁이의 비애를 그때처럼 뼈저리게 느낀 적이 없었다. 회사는 절대로 당신을 책임지지 않는다.

투자를 한 회사는 점령군이 진군하듯 회사에 들어와 직접 경영을 했다. 사장과 신 전무를 비롯한 기존 임원들을 내쫓는 데는 수개월이 채 걸리지 않았다. 신 전무는 하루하루 자신의 입지가 줄어들고 졸지에 객식구 취급받는 수모를 겪었다. 깊은 회한이 들었다. 지난날이 주마등처럼 스쳐 갔다.

그는 대기업을 다니다가 이 회사로 스카우트돼 24년을 다녔다. 월급쟁이 생활 28년 중 24년을 보냈다. 한마디로 청춘을 바쳤다. 그만큼 애착이 컸다. 그는 6개월 정도 눈칫밥을 먹다가 사표를 내고 회사 문을 나서는 날에 만감이 교차했다. 햇볕이 유난히 따사로운 오후였다. 회사 문을 나서면서 햇살을 바라보며 잠시 멍하니 서 있었다. 그의 머릿속에 떠오르는 물음 때문에 쉽게 발걸음을 옮기지 못했다.

'왜 이렇게 됐을까? 정말 열심히 일했는데. 창창한 미래가 열릴 줄 알았는데. 뭐가 잘못된 걸까? 새 오너가 문제였나? 아니다.'

오너로서는 거액을 투자했는데 당연히 자기 방식으로 회사를 경영하고 싶었을 거다. 그거야 누가 뭐라고 할 수 없다. 사장의 노욕老慾이 문제였다. 그는 잘못된 각본을 짰던 거다. 잘못된 각본은 한 개인은 물론이고 조직 전체를 위기에 빠뜨렸다. 사장이 남긴 작은 재앙의 불씨는 인수합병으로 그치지 않았다. 몇 년 후 회사가 회생 절차 개시에 들어갔다는 소식을 들었다. 그 소식을 들은 날은 잿빛 구름과 뿌연 미세 먼지가 하늘을 뒤덮고 있었다.

1

{ 그래도 삶은 계속돼야 한다 }

●

'라이프 고즈 온Life goes on.'

BTS의 2020년 발표곡 제목이다. 번역하면 '삶은 계속된다.'라는 뜻이다. BTS는 이 노래로 미국 빌보드 핫 100에서 1위를 세 번째 차지하는 쾌거를 이뤘다. 한국어 가사로 된 노래가 1위를 차지하기는 빌보드 62년 역사상 처음이란다. 정말 자랑스럽고 사랑스러운 청년들이다. 〈라이프 고즈 온〉은 이렇게 시작한다.

어느 날 세상이 멈췄어.
아무런 예고도 하나 없이

코로나로 멈춰버린 세상이지만 그래도 삶은 계속돼야 한다는 의미의 노래다. 어찌 됐든 삶은 계속된다. 아무리 힘들고 고달픈 현실이라도 태양은 다시 떠오른다. 우리는 그 태양을 마주해야 한다. 가황 나훈아의 노래 〈테스형〉의 가사처럼 죽어도 오고 마는 내일이 두렵긴 하다. 하지만 그 내일은 아무 일도 없다는 듯이 오늘이라는 이름으로 어김없이 또 돌아온다. 그러니 마주할 수밖에 없다. 피할 수 없다면 즐기지는 못하더라도 도망가지는 말아야지.

삶은 사는 게 아니라 살아내는 것이다

누구나 꽃길만 걸으며 살기를 원하지만 그런 사람이 몇이나 되겠는가? 아니, 꽃길만 걷는 사람은 없다. 때로는 자갈밭을 걷기도 하고 때로는 가시밭길도 걸어야 한다. 콧노래 부르며 꽃길을 걸을 때도 있고 무거운 짐을 지고 가시밭길을 걸을 때도 있다. 그게 삶이다. 힘들 땐 힘을 내야 하고, 슬플 땐 참아내야 하고, 아플 땐 이겨내야 하고, 삶은 살아내야 한다.

그리스 신화에 나오는 코린토스의 왕 시시포스Sisyphus는 얕은 꾀를 부려 속임수를 썼다가 그 대가로 무거운 바위를 산 정상으로 밀어 올리는 영원한 형벌을 받았다. 그가 무거운 바위를 힘겹게 산 정상에 올려놓으면 바위가 아래로 굴러떨어진다. 그럼 또다시 바위를 밀어 올려 산 정상까지 이른다. 그러면 또다시 아래로 굴러떨어지는 것이다. 프랑스 작가 알베르 카뮈Albert Camus는 이 어처구니없는 형벌의 모습이 바로 인간의 실존이라고 말했다. 부질없는 짓이라는 것을 알면서도 그 부질없는 짓에 반항하며 살아가는 숙명의 존재가 인간이라고 했다. 기쁘거나 슬프거나 할 것 없이 삶은 계속되는데 매일 돌아오는 삶의 시간을 허망하게 보낼 수는 없는 노릇이다.

삶이 나를 끌고 가게 하지 말고 내가 삶을 끌고 가야 한다. 코로나로 인해 온 세상이 멈춰버렸지만 코로나 탓만 하고 있을 수는 없다. 코로나 백신이 개발되고 치료제가 개발될 때까지 나는 손 자주 씻고 마스크 잘 쓰고 대면 기회를 줄이며 버텨야 한다. 내가 할 수 있는 일을 하며 버텨야 한다. 그러다 보면 어느 날 태양이 찬란하게 나를 비추는 날이 온다. 그때 나는 씩 웃을 것이다.

1997년 IMF 외환위기가 온 국민을 고통에 빠뜨렸고 내게도 큰 고통을 줬다. 나중에 다시 언급하겠지만 그때 내가 다니던 회사가 부도가 났고 내가 그 회사의 경영을 맡아 7년 만에 기사회생했다. 가계 경제도 적잖이 타격을 받았다. 아내는 매일 아침 눈물의 새벽 기도를 드렸다. 참 아픈 추억이다. 하지만 지금 생각하면 내 성장의 결정적 계기가 됐던 사건이다. 그 이후 나는 힘든 일이 있을 때마다 그때를 떠올리며 이렇게 되뇐다.

'IMF도 이겨냈는데 뭘 못 이겨내겠어?'

코로나19도 마찬가지다. 이 또한 언젠가 지나갈 것이고 뒤돌아 회상하게 될 것이다. 코로나19는 남녀노소 재산의 유무 상관없이 공평하게 재앙을 안겨다 주었다. 미국 대통령도, 영국 총리도 확진자가 됐다. 2021년 4월 10일 기준 전 세계 확진자 수가 누적 1억 4,000만 명이 넘는다. 세계 초일류 국가라는 미국의 누적 확진자 수는 3,170만 명이나 됐고 하루 평균 7만 명의 신규 확진자가 발생했다. 지금까지 56만 명 넘게 사망했다. 이러한 공포의 수치를 보니 지금 대한민국에 살고 있다는 것은 어쩌면 공평한 재앙이 아니라 특혜 중 특혜가 아닌가 싶다.

위기를 견뎌낼 면역체계를 만들어야 한다

다들 힘들어하며 살아가고 있다. 하지만 우리 각자는 위기 상황일수록 기본으로 돌아가야 한다. 예기치 못한 위기가 와도 견뎌낼 수 있는 면역체계를 만들어야 한다. 이게 기본 각본이다. 이 각본을 뒷받침해줄 수 있는 게 회복탄력성resilience이다. 위기는 코로나처럼 그 누구도 가리지 않고 찾아온다. 또한 불확실성과 복잡한 현대에서는 위기가 더는 변수가 아니다. 늘 일어나는 상수다. 말 그대로 한 치 앞을 내다볼 수 없는 환경의 변화 속에서 늘 위기와 맞닥뜨려야 한다.

4차 산업혁명이라는 거대한 파고가 코로나19로 더 거세고 크게 닥치고 있다. 이 또한 지금의 질서에 익숙한 사람들에게는 위기일 수밖에 없다. 인공지능, 빅데이터, 클라우드 등 생소한 단어가 연일 뉴스에 등장하고 가게에는 종업원이 반기는 게 아니라 무인단말기 키오스크가 주문을 받는다. 그렇다면 이제라도 인공지능을 공부하고 빅데이터를 이해하며 클라우드를 이용하는 게 삶의 우선순위여야 할까? 그렇지 않다. 어쩌면 4차 산업혁명 시대에 꼭 필요한 것은 인공지능, 블록체인, 클라우드 컴퓨팅, 데이터 등이 아니라 건강한 몸이다. 거친 파도를 뚫고 앞으로 나갈 수 있는 것은 새로운 항해술이 전부가 아니다. 불굴의 정신과 굳건한 몸이 받쳐줘야 이겨낼 수 있다. 어니스트 헤밍웨이Ernest Hemingway의 소설『노인과 바다』에서 노인이 망망대해에 뜬 작은 보트에 몸을 싣고 바다와 상어와 사투를 벌이며 살아 돌아올 수 있었던 것은 최첨단 전문지식과 기술 덕분이 아니다.

  새로운 것을 배우고 신문물에 눈을 뜨는 것은 당연히 해야 할 일이다. 그러나 새로운 미래를 배우고 적응한다는 각본이 제대로 이뤄지려면 무엇보다 건강한 자신을 지켜내야 한다. 어쩌면 지극히 당연한 이 이야기가 뜻밖에도 외면당한다. 현대인들은 스마트폰에 빠져 쭉 늘어진 거북목, 굽은 어깨, 만성 어깨 통증과 피로에 시달리고 있다. 몸이 축 늘어지니 4차 산업혁명의 달콤한 혜택을 누리기는커녕 자리에 누워 있기를 바랄 뿐이다. 스몸비smombie, 즉 스마트폰을 보며 걸어 다니는 사람들은 마치 좀비처럼 흐느적거린다. 스마트폰을 보느라 잠을 미루는 습관을 지닌 사람들은 우울, 불안, 불면으로 정신건강을 해친다는 연구결과는 새삼스러운 뉴스가 아니다.

나는 내 삶의 주인공이다

　삶을 살아내는 모습은 영혼이 사라진 좀비의 모습과는 달라야 한다. 고령화의 또 다른 말은 장수일 텐데 좀비와 같은 인생을 사는 장수가 무슨 의미가 있을까? 삶이 계속된다는 것은 육체적 생존 기간만을 늘리는 것이 아니다. 앞서 말한 카뮈의 말처럼 인간의 실존은 끊임없이 부조리에 저항하며 살아가는 존재를 뜻한다. 어차피 죽음이라는 끝을 바라보며 살아가더라도 삶의 의지를 다지고 살아가는 것이 인간과 삶의 본질이다.

　100세를 거뜬히 살아낼 수 있는 육체와 정신을 키우자. 건강한 식사를 제때 하고 열심히 운동하고 충분히 수면을 취하자. 책도 읽고 글도 쓰며 열심히 일하고 또 열심히 사랑하자. 삶은 계속된다. 나는 내 삶의 주인공이다. 〈라이프 고즈 온〉의 마지막 가사 내용이다.

　삶은 계속된다.
　지금처럼 이렇게 다시.
　나는 기억한다
　나는 기억한다

나는 기억한다
나는 기억한다

2

{ 전체 각본이 있으면 견딜 수 있다 }

"당신은 교육도 제대로 못 받은 시골 출신이면서 어떻게 변호사가 되고 미국 대통령까지 될 수 있었습니까?"

어떤 사람이 이렇게 질문하자 링컨은 단순명쾌하게 대답했다. "내가 마음먹은 날, 이미 절반은 이루어졌습니다." 얼마 전 25년째 마라톤을 뛰는 친구를 만났다. "너는 어떻게 그렇게 한결같니. 이젠 몸에 배어서 마라톤 뛰는 게 전혀 힘들지 않지?"라고 물었다. 그랬더니 그 친구가 "천만에! 지금도 뛰어야 하는 날 새벽에는 '뛰어야 하나? 말아야 하나?'라고 수백 번을 고민해. 그러다가 운동화를 딱 신으면 그때부터는 가슴이 뛰어. 운동화를 신기까지가 제일 힘든 거 같아."라고 말했다. 25년을 뛰었으면 습관이 될 만도 하건만 그렇지 않다는 답변이 놀라웠다.

인내는 쓰고 열매는 달다는 것을 기억하자

나도 5년째 헬스를 생활화하고 있다. 하루 일정이 바쁘지만 운동을 최상위 순위에 두고 있다. 그러기 위해 내가 만든 용어가 있다. 4W1H. 주 4회 매 1시간 이상 운동을 원칙으로 하는 거다. 보통 1시간 반 정도 운동한다. 요즘 루틴은 스트레칭 20분, 러닝 30분, 근육운동 30~40분, 러닝 15분이다. 나는 왜 운동을 할까? 운동이 즐거워서? 노 노 노. 절대로 아니다! 운동하는 과정은 늘 힘들다. 늘 하기 싫다. 운동 자체는 절대 즐겁지 않다. 아니, 오히려 고통스럽다. 더운 여름에는 에어컨 밑에서 운동해도 20분만 지나면 땀이 비 오듯 쏟아진다. 추운 겨울에 운동하러 가기는 정말 싫다. 더구나 요즘은 코로나 때문에 마스크를 쓰고 운동해야 해서 고통은 배가된다.

그런데 왜 운동을 할까? 결과를 기대하기 때문이다. 결과로 나타나기 때문이다. 과정을 즐겨서가 아니라 결과가 즐겁기 때문이다. 막상 할 때는 죽을 것처럼 힘들어도 하고 나면 기분이 좋아지고 또 꾸준히 하면 체형이 변하는 걸 체험적으로 알기 때문이다. 그 맛에 운동을 하는 것이다.

그렇다. 죽기 살기로 운동을 하는 사람도, 25년째 마라톤을 뛰는 사람도 과정은 늘 힘들다. 하지만 결과를 알기에 기꺼이 오늘 땀을 흘린다. 매일 5킬로미터를 뛰는 땀을 흘려야 1년 뒤 42,195킬로미터 완주의 영광을 얻는다. 전체 각본을 그릴 줄 아는 사람과 그렇지 않은 사람은 사는 모습이 다르다.

작은 스케치 한 장이 걸작을 만든다

"인생에서 가장 중요한 날이 이틀 있다. 첫 번째 날은 내가 태어난 날이고 두 번째 날은 내가 이 세상에 왜 태어났는지 이유를 알게 되는 날이다."

미국 소설가 마크 트웨인Mark Twain이 한 말이다. 첫 번째 날은 누구에게나 있지만 두 번째 날이 없이 살아가는 사람들이 너무 많다. 마치 목적지 없이 떠다니는 배와 같은 꼴이다. 아침에 출근하고 퇴근하면서 공허하다는 말을 넋두리처럼 내뱉는 사람이 한둘이 아니다. 왜 공부를 해야 하는지를 알지 못하겠다면서 무거운 가방을 짊어지고 버스를 타는 학생들은 또 어떤가.

프랑스의 위대한 작가 오노레 드 발자크Honore de Balzac는 어느 날 저녁에 별로 할 일이 없는 여러 사람과 무의미하게 오랜 시간을 보내게 된 자기 자신을 발견하고 통곡했다. 그는 집으로 돌아오자마자 코트를 벗고 서재로 가서 책장에 진열돼 있던 일류 작가들의 걸작들을 살펴보면서 큰소리로 "이제 나는 진실한 사람들을 만나게 됐다."라고 외쳤다고 한다. 그는 비로소 두 번째 날을 맞이한 것이다.

인생의 두 번째 날에 이르는 게 쉽지는 않다. 많은 사람이 그 날에 이르지 못해 방황의 시간을 보낸다. 지금 자신이 어디에 있고 또 어디로 가야 하는지 몰라 헤맨다. 그럴 때 세밀하게 짜인 각본이 있어서 복잡하게 생각하지 않고 그대로 하면 얼마나 좋을까? 그러나 아무리 각본을 정밀하게 짰다고 해도 그대로 된다는 보장은 없다. 오히려 수많은 변수가 생겨 공들여 짜 놓은 각본이 무용지물이 되기 일쑤다. 아무리 잘 만든 사업계획서라고 해도 그대로 되는 경우는 없다. 만약 완벽한 사업계획서가 사업의 성공을 보장한다면 모든 창업은 성공해야 한다. 그렇지만 늘 갖가지 변수로 계획의 수정과 애초의 기대치를 바꾸는 경우가 허다하다.

자꾸만 완벽한 각본을 기대하는 것은 되려 인생의 깨달음을 얻는 데 방해가 될 수 있다. 시시각각 바뀌는 현실에 대응하지 못하고 각본에만 매달리게 된다. 처음에는 정교하고 거창한 각본이 아니라도 좋다. 두바이에 건설된 세계적 명물 부르즈 알 아랍 호텔을 보더라도 알 수 있다. 그 건물의 시작은 바다에 떠 있는 요트였다. 작은 스케치 한 장이 거대한 세계적인 걸작으로 완성된 것이다. 사실 두바이라는 나라는 완벽한 각본을 바탕으로 세워졌다고 볼 수 없다. 그보다는 부르즈 알 아랍 호텔처럼 창의성을 발휘해 현실에서 각본을 완성해간 사례라 할 수 있다.

두바이는 아무것도 가진 게 없는 가난한 어촌으로 취급받았다. 과거에는 진주조개잡이가 대표적인 산업이었는데 그마저도 일본의 진주 양식법 개발로 접어야만 했다. 그나마 유전이 발견돼 오일달러를 벌어들였지만 매장량은 보잘것없었다고 한다. 조만간 동이 날 석유 매장량만 믿고 있을 수 없었던 두바이는 새로운 먹거리를 찾아야만 했다. 두바이의 국왕은 글로벌 컨설팅 회사를 만나 미래의 먹거리를 문의했다. 컨설팅 회사의 장점은 바로 각본 짜기다. 그들이 보기에는 사막의 작은 나라 두바이에서 완벽한 각본은 나올 수가 없었다. 두바이의 인공섬 팜 아일랜드 프로젝트는 아예 불가능한 것으로 간주했다. 하지만 두바이는 정교한 각본이 나오기를 기다리지 않았다. 일단 땅을 파고 건물을 지었다. 지금의 두바이는 일단 시작부터 하고 난 뒤에 만든 성과물인 셈이다.

처음부터 완성된 것은 없다. 당신의 인생도 마찬가지다. 일단 시작하라. 지금 당장 운동화를 신어라. 시작은 미약했으나 나중은 창대하리라. 이 말을 믿어라. 진짜 된다.

3

{ 인생은 험난한 길을
헤쳐 나가는 것이다 }

●

 "인생은 가까이 보면 비극이지만 멀리서 보면 희극이다."
세계적 희극 배우 찰리 채플린Charles Chaplin이 한 말이다. 그만큼 현실이 만만치 않음을 나타낸 말이다. 왜 인생을 정의할 때 '한 많은 이 세상'이라고 했겠는가? 좋은 일이나 기쁜 일보다 힘든 일과 슬픈 일이 더 많기 때문이 아니겠는가? 그러나 이런 속담도 있다. "개똥밭에 뒹굴어도 이승이 좋다." 살아야 할 이유다. 살아 내야 할 이유다. 비록 지금은 가시밭길을 걷는 것처럼 보일지라도 먼 훗날 돌이켜보면 '내가 이 험난한 길을 잘 헤쳐 나왔구나.' 라며 스스로를 자랑스러워하는 게 잘 살아낸 인생이다.

인생의 매 순간에 의미를 부여하자

빅터 프랭클Viktor Frankl은 『죽음의 수용소에서』의 저자이자 제2차 세계대전 때 유대인 홀로코스트에서 살아남은 생존자이다. 그는 "인생이란 인생 쪽에서 던져 오는 다양한 물음에 내가 하나하나 답해가는 것이다."라고 했다. 그 다양한 물음은 빅터 프랭클의 말처럼 가혹한 현실에 과감히 도전하는 것이기도 하다. 시시때때로 찾아오는 물음은 가시밭길을 어떻게 헤쳐 나갈지 질문하는 것일 테다.

죽음의 수용소인 아우슈비츠에서 지내는 일은 살아내는 일이기도 했다. 개똥밭도 이런 개똥밭이 없다. 유대인이라는 이유만으로 멸절의 대상이 된다니 도대체 말이 되는가. 더군다나 갖은 모멸과 박해를 받으며 죽음 말고는 기다릴 게 없는 시간을 보내야만 했다. "삶이 의미가 있는지 묻는 대신에 매 순간 의미를 부여하는 것은 우리 자신이다." 빅터 프랭클은 결국 그 시간을 버텨냈다.

사람은 누구나 행복하게 살기 원한다. 만약에 내게 기분 좋은 일, 신나는 일, 행복한 일만 있다면 내 인생은 어떻게 될까? 평생 잘 먹고 잘 살 수 있을까? 아니다! 아마도 폭삭 망할 것이다. 인간은 교만 덩어리다. 게으른 동물이다. 캐나다의 사이먼 프레이저 대학교 연구팀은 인간이 원래부터 게으른 존재라는 것을 실험으로 밝혀냈다. 인간의 뇌는 신체의 모든 동작에 소모되는 에너지가 최소화되도록 디자인돼 있다고 한다. 어떤 동작을 취하더라도 가능한 한 에너지를 적게 들이려고 하는 게 인간의 본성이다. 인간은 편하고 익숙한 것을 좋아하고 힘들고 고된 것을 싫어한다. 그래서 내게 좋은 일만 있다면 내 영혼과 육체는 게으르고 나태해질 것이다. 반면에 적당한 스트레스가 주어지고 내 환경이 힘들 때 그것을 이겨내기 위해 몸과 마음을 단련한다. 인간이 게으른 본성에서 벗어나는 순간은 어떤 목적을 가질 때다.

헬스클럽에 가면 새로운 마음으로 운동하기로 결심하고 트레이너와 함께 운동법을 처음 배우는 사람들을 볼 수 있다. 안 하던 운동을 하려니 얼마나 힘들겠는가. 몇 가지 동작밖에 안 했는데도 다들 가쁜 숨을 몰아쉬며 "아, 힘들어. 죽을 거 같아요."를 남발한다. 그때 들리는 트레이너의 기가 막힌 한마디가 그들에게 힘을 내게 한다. "회원님. 힘들고 고통스러우면 '아, 내 몸이 건강해지고 있구나.'라고 생각하세요. 이걸 이겨내야 하는 거예요." 그런 과정을 거쳐야 비로소 튼튼해지고 건강해진다. 그것이 나의 경쟁력이다. 역경을 역전하면 경력이 된다.

인생을 길게 보고 각본을 짜보자

100년 인생이다. 한때 반짝 잘 사는 것은 잘 사는 것이 아니다. 평생을 잘 살아내야 한다. 내 직업은 가정행복코치다. 여기저기 강의 다니며 가끔 방송에도 출연하는 나를 보면서 사람들은 내가 마냥 행복한 삶을 사는 줄 안다. 하긴 SNS에 좋은 모습만 올리니 그럴 만도 하다. 그러나 보이는 것이 다가 아니다. 내가 무좀 때문에 고통받는 걸 누가 알겠는가. 내 바지 주머니 속에 뭐가 들었는지 어떻게 알겠는가.

사람들은 저마다 드러나지 않은 그늘이 있다. 화려한 빛이 그늘을 감출 뿐이다. 짧지 않은 인생을 살아온 나도 좋은 일만 있었을까? 아니다! 나름 크고 작은 위기를 많이 겪었다. 부모님의 불화로 불우했던 청소년 시절, 대학 시험에 떨어져 재수를 해야 했던 첫 시련, 20년 다니던 회사가 부도가 나서 어려움을 겪다가 기사회생한 경험, 결혼 초기에 고부갈등으로 인해 아내와 수없이 다투었던 기억, 사춘기 자녀와의 갈등, 몇 번의 투자 실패로 인한 손실 등 나름 파란만장한 삶을 살았다. 다 포기하고 싶었던 적도 있었다. 그러나 돌이켜 생각해보니 참 우스웠다. 인생은 포기하기에는 너무나 아까웠고 아름다웠다. 그때는 몰랐다. 지나고 보니 비로소 알게 됐다.

짧은 비극을 긴 희극으로 바꾸는 비결이 뭘까? 그것이 바로 '인생 각본'이다. 내가 각본을 어떻게 쓰느냐에 따라 내 인생 후반전이 달라진다. 내가 비극으로 마치겠다고 하면 내 인생은 비극이 된다. 내가 희극으로 마치겠다고 하면 내 인생은 희극이 된다. 어떤 각본을 쓸 것인가? 비극? 희극? 전반 후반 모두 희극이 되면 좋겠지만 인생은 그리 바람대로 이루어지지 않는다. 그렇다면 전후반 중 어디가 희극이 되면 좋을까? '전비후희'가 낫지 않을까?

앞서 소개한 캐나다 대학의 실험에서 알 수 있듯이 인간은 목적이 있을 때 바뀐다. 게으른 동물에서 가장 창의적인 존재로 바뀌는 것이다. 목적이 생겼다는 것은 각본이 작성됐다는 뜻이다. 앞으로 무엇을 위해 어떻게 하겠다는 각본이다. 게으른 동물이기지개를 켜고 움직일 수 있는 것은 에이브러햄 매슬로Abraham Harold Maslow의 5단계 욕구설에서 최종 단계인 자아실현 욕구에 다다르기 때문이다. 가장 아래 단계인 생존의 욕구는 쉽게 충족할 수 있다. 그러나 자아실현 욕구는 인생 각본이 작성돼야 충족할 수 있다. 인간에게는 게으름을 이겨낼 욕망이 있다. 인간은 그 욕망을 향해 가는 동안 고통도 참아낸다.

긴 인생의 각본을 잘 쓰자. 그 각본은 누군가의 것을 그대로 베낄 필요가 없다. 또 주변의 평가에 마구 수정하지 않아도 된다. 자신이 보기에 잘 쓴 각본을 가지고 일단 "액션!"을 외치며 인생의 길을 가면 된다. 각본 없이 될 대로 되라는 식의 인생은 축생畜生이나 다를 게 없다. 그러니 여기저기서 손가락질을 하고 감 놔라 대추 놔라 간섭을 해댄다. 그렇지만 각본이 있는 인생은 다르다. 누가 뭐라 해도 제 갈 길을 가면 된다. 『신곡』의 저자인 단테 알리기에리Dante Alighieri가 "너의 길을 가라. 남들이 뭐라 하더라도 내버려두라."라고 말한 것처럼 자기 인생의 각본대로 가면 된다.

물론 인생은 각본대로 흘러가지 않는다. 코로나19가 터지기 전까지 그 누가 이러한 재앙이 몇 년이나 계속될지 알았겠는가. 과학자들의 경고가 있었다고 해도 마스크를 낀 채 순식간에 언택트의 세상에서 살 줄은 각본을 짤 때 미처 생각하지 못했을 것이다. 그러나 애초부터 인생의 각본을 작성하는 사람은 이러한 변수에 당황하더라도 쉽게 포기하지 않는다. 영화나 드라마를 찍을 때 작가의 각본이 현장에서 고쳐지는 경우가 많다고 한다. 각본에는 없어도 배우의 애드리브가 빵 터지는 경우도 종종 있다. 이처럼 인생의 각본도 변수나 돌발 상황이 발생했을 때 수정하면 된다. 수정하지 않고 각본을 덮는 것은 어쩌면 인생을 포기하는 것일 수 있다. 다시 게으른 동물의 삶으로 돌아가는 것밖에 되지 않는다.

    때로는 가시밭길을 걷기도 하고 비바람을 만나거나 폭염에 시달리기도 하겠지만 먼 훗날 서산에 넘어가는 석양을 바라보며 흐뭇하게 미소 지을 수 있는 그런 인생을 살자.

4

{ 미래는 정해져 있지 않고
하기 나름이다 }

●

작금의 현실을 가장 잘 표현한 단어가 있다. 바로 '뷰카VUCA'다. 이 용어는 1990년대 초반 미국 육군 대학원에서 처음 사용됐다고 한다. 상황이 제대로 파악되지 않아 즉각적이고 유동적인 대응 태세와 경각심이 요구되는 상황을 나타내는 군사용어다. 그러다가 이후 변동적이고 불확실하며 복잡하고 모호한 현대 사회와 불안정한 금융시장과 고용시장 상황을 표현하는 용어로 사용돼왔다. 도대체 세상이 어떻게 돌아가는지 모를 정도로 급변해서 어떤 의사결정을 내려야 할지 감이 안 잡히는 시대상을 잘 나타낸 단어다.

그럼에도 미래를 예측해야 한다

현재도 이럴진대 미래는 어떻겠는가. 코로나에 이어 또 무슨 불확실한 변수가 발생할지 알 수 없다. 흔히들 미래를 예측 불가하다고 한다. 미래는 정해져 있지 않다고 한다. 아니다. 미래는 정해져 있다. 미래의 환경과 상황이 바뀌는 것은 알 수 없다고 해도 내가 지금 어떻게 사느냐에 따라 내 미래는 정해져 있다. 내가 지금 하는 대로 된다. 그 이상도 이하도 아니다.

'GIGO'라는 컴퓨터 용어가 있다. '쓰레기를 넣으면 쓰레기가 나온다Garbage In, Garbage Out.'라는 말이다. 향 싼 종이에 향내 나고 생선 싼 종이에 비린내 나는 건 당연한 이치다. 콩 심은 데 콩 나고 팥 심은 데 팥 난다. 뿌리지 않았는데 거두기를 바라는가. 뿌린 대로 거둔다. 지금이라도 뿌리지 않은 씨앗을 들고 수확하겠다고 설레발쳤다는 것을 깨달으면 된다.

그런데 미래가 정해졌다는 말을 그저 운명론으로 받아들이면 안 된다. 만약에 나의 현재와 무관하게 내 미래가 정해져 있다면 어떻게 될까? 10년, 20년, 30년 뒤 내 미래가 이미 정해져 있다면? 나는 열심히 살지 않을 것이다. 내 미래가 좋은 미래라면 '어떻게 살아도 나는 잘 살게 될 건데 왜 고생을 해?'라는 생각을 할 것이다. 반대로 나쁜 미래가 정해져 있다면 '어차피 해도 안 될 건데 내가 뭣 하러 해?'라는 생각을 할 것이다.

세상이 살 만한 이유는 미래를 모르기 때문이다. 미래는 누구도 모른다. 그래서 사람들은 불안해한다. 미래학자들이 미래는 "이럴 것이다." "저럴 것이다."라며 예측은 자유지만 장담할 수는 없다. 그럼에도 미래를 예측해야 한다. 틀릴지라도 예측해야 한다. 시기의 차이는 있을지언정 언젠가는 예측이 현실이 된다. 좀 더 정확히 말하자면, 그 예측이 현실이 되도록 사람이 움직인다. 그러니 언제 이루어지느냐의 차이만 있을 뿐 예측은 현실이 되는 것이다.

미래를 모르기 때문에 예측을 하고 또 그 예측을 현실로 이루기 위해 노력한다. 그런 면에서 미래는 정해져 있다고 말할 수 있다. 운명론과는 다르다. 이미 정해진 것이 아니라 만들어지는 것이다. 그래서 운명론과 달리 열심히 살 수밖에 없다.

시련에 굴복하고 주저앉지 말자

"미래를 예측하는 가장 좋은 방법은 미래를 만드는 것이다."

피터 드러커Peter Drucker가 한 말로 알려졌지만 사실은 링컨 대통령이 먼저 한 말이다. 링컨 대통령이 이렇게 말한 이유가 있다. 그의 인생은 평온함, 안락함과는 거리가 멀었다. 위대한 업적과는 상반되게 인생은 온갖 불운의 연속이었다. 가난한 집안에서 태어난 것도 모자라 어릴 때 어머니와 누이를 잃었고 나중에는 약혼녀마저 잃고 말았다. 아버지의 재혼으로 청소년 때 집에서 나와야만 했던 그는 두 번의 파산과 아홉 번의 낙선을 겪었다. 이쯤 되면 마치 불운의 아이콘과 같은 존재라고도 할 수 있다.

불우했던 링컨의 몸과 마음은 만신창이가 될 수밖에 없었다. 심한 우울증과 신경쇠약에 시달렸다. 그렇지만 그는 우뚝 일어섰다. 시련에 굴복하고 주저앉았다면 그저 시골의 변호사로 만족했을 것이다. 그러나 그는 대통령이 되고 남북전쟁과 노예해방을 이끌었다. 그야말로 스스로 미래를 만들어간 주인공이다. 그의 과거로 미루어볼 때 미래는 암울할 수밖에 없었다. 과거에 종속되기만 하는 미래라면 그의 인생의 각본에서 대통령이라는 배역은 상상조차 할 수 없었을 것이다. 하지만 그는 미래를 만드는 각본대로 살았기 때문에 위대한 인물이 될 수 있었다.

그렇다. 미래는 예측하는 게 아니라 만드는 것이다. 그래서 세상은 살 만한 것이다. 인간과 동물의 차이는 태어난 대로 살지 않는다는 것이다. 약한 동물은 평생 강한 동물에 쫓겨 다니다 일찍 생을 마감한다. 그러나 인간은 다르다. 어떤 역경도 역전할 수 있다. 지금 코로나19를 겪으며 불행한 시간을 보내고 있다. 하지만 과거 페스트와 스페인 독감이라는 죽음의 광풍이 몰아칠 때도 인류는 살아남았다. 당시의 상황을 들여다보면, 가만히 앉아 재앙이 비켜 가기를 기다리고만 있지 않았다. 속절없이 전염병에 당하고 있다가 어느새 격리와 예방의 효과와 위생의 중요성을 깨달았다. 어디 그뿐인가. 페스트의 재앙은 기나긴 중세의 캄캄한 터널을 지나 인간이 삶과 역사의 주인이라는 자각을 일깨워 르네상스를 맞이하게 했다.

알베르 카뮈는 소설 「페스트」에서 역병에 대처하는 인간의 적나라한 모습을 그려낸다. 온갖 군상의 모습이 나오는데 그중에서 절망보다 희망을 바라며 고난을 견뎌내는 모습이 돋보인다. 죽음이라는 절대 공포 앞에서도 맞서 싸우는 게 인간이다. 이 또한 미래를 만들어가는 것이라 할 수 있지 않을까. 인간은 죽음의 공포 앞에서 마냥 굴복과 좌절로 결과를 기다리는 수동적인 존재가 아니다. 끊임없이 희망의 미래를 만들어가는 존재다.

현재가 행복한 사람들은 어떨까? 미래도 행복할 것으로 낙관하고 노력을 하지 않는다면 그들의 미래는 보지 않아도 뻔하다. 잘못될 일만 남았다. 현재가 행복하든 불행하든 미래는 정해져 있지 않다. 행복한 사람이 더 행복해질 수도 있고 망가질 수도 있다. 마찬가지로 불행한 사람이 더 망가질 수도 있고 지금 행복한 사람보다 더 행복해질 수도 있다. 이 미묘한 불가측성이 인생이지 않은가. 뜻대로 되지 않는 삶이다. 그래서 더욱 행복을 찾기 위해 노력한다. 죽음이라는 바뀌지 않는 삶의 종착역을 앞두고도 인간이 생의 의지를 다지는 이유다.

미래가 정해져 있지 않기 때문에 현재가 불행해도 나는 살아갈 이유가 생긴다. 신나서 살아갈 수 있다. 내 미래는 내가 만들 수 있기 때문이다. 내일의 나는 오늘의 나와 다를 수 있기 때문이다. 하루 더 노력했으니 조금 더 나아지기 때문이다. 10년 뒤 나는 지금의 나와는 전혀 다른 사람이기 때문이다. 이 얼마나 기쁜 소식인가. 10년 뒤 내 모습을 생각하면 가슴 뛰지 않는가. 나는 내 인생의 주인공이 아닌가.

5

{ 자신만의 인생 설계도를 만들자 }

●

건물을 짓기 위해서는 반드시 설계도가 필요하다. 설계도 없이 집을 짓는 사람은 없다. 집을 제대로 지을 수 없기 때문이다. 하물며 개집을 짓더라도 도면에 그림을 그리고 치수를 표시한다. 치수대로 목재를 자르고 바닥을 깔고 벽을 세우고 지붕을 얹는다. 30년 살 집을 짓는 데도 수백 장의 그림으로 그려낸 설계도가 필요하다. 하물며 백 년을 살아내야 하는 인간에게 설계도가 없다는 건 막살겠다는 것이다. 대충 살겠다는 것이다.

인생 설계도는 10년 후 자신에게 하는 약속이다

인생 설계도가 있는 사람이 얼마나 될까? 모르긴 몰라도 99퍼센트 없을 것이다. 놀랍지 않은가? 설계도 없는 건물 없듯이 개인도, 기업도, 국가도 각본이 있어야 마땅하다. 그런데 대부분 없다. 그러니 개인도, 회사도, 국가도 미래가 불안한 것이다.

누군가가 짜 놓은 각본은 있다. 태어나서 유치원을 다니고 초등학교에 다니고 중고등학교를 거쳐 대학을 간 뒤에 취직한다. 그건 내 인생의 각본이 아니다. 사회가 짜놓은 각본이다. 아무 생각 없이 그대로 살 때는 마음이 편했을지도 모르겠다. 시키는 것만 잘하면 됐으니까. 하지만 남이 짜놓은 각본이라고 해도 그 안에서 자기 나름대로 디테일한 각본을 짜서 움직이는 사람이 있다. 흔히 말하는 차별화와 탁월함을 드러내는 사람들은 디테일한 각본을 가지고 있다.

인생의 설계도가 뭔가? 각본이다. 내 인생을 어떻게 살아낼 것인지 내가 직접 설계도를 그리는 것이다. 10년 뒤, 20년 뒤 내가 어떤 사람이 될 것인지 나 자신에게 약속하는 것이다. 설계도 없이 건물을 지을 수 없듯이 각본 없이는 내 인생을 잘 살아낼 수 없다.

10년, 20년, 30년 뒤를 구체적으로 그려보자

세월에 끌려가지 말자. 내 인생의 주인공은 나다. 내 주변 환경이야 어찌할 수 없지만 나 자신은 내가 컨트롤할 수 있다. '내 인생은 내가 설계한다. 내 인생은 내가 개척한다.'라고 마음먹는 게 각본 작성의 시작이다. 먼저 10년, 20년, 30년 뒤 어떤 사람이 되고 싶은지 구체적으로 그린다. 그다음 그렇게 되려면 내가 올해 무엇을 해야 하고 이번 달에 무엇을 해야 하고 오늘은 무엇을 해야 할지가 나온다. 그대로 살면 된다. 그러면 30년 뒤 내가 스스로 정한 인물이 되는 것이다. 세월에 끌려가지 말고 세월의 모가지를 비틀어서라도 끌고 가라.

"똑같은 일을 하지 말고 안 하던 일을 해보라."

예술가들이나 창의적인 사람들이 자주 하는 말이다. 나는 실제로 그런 경험을 많이 했다. 나는 28년 직장생활을 했고 퇴직 후 14년째 중소기업을 경영하고 있다. 그 경험을 바탕으로 책을 출간했다. 그 책이 좋은 반응을 얻으며 각종 방송에도 출연하고 전국구 강사가 되었다. 그러자 나를 잘 아는 고교, 대학 동창들이 놀랍다는 반응을 보였다. 그냥 평생 월급쟁이일 줄 알았는데 책을 쓰고 강연도 하는 특이한 경력의 전환 때문에 그랬을 것이다.

동창생들이 나를 찾아왔다. 그 당시 그들은 대부분 은퇴했거나 은퇴를 눈앞에 두고 있어서 미래가 불안했을 것이다. 아마 나한테 오면 조언을 얻을 수 있을까 하는 마음이었을 것이다. 은퇴하면 무엇을 해야 할지 고민이라고들 말했다. 오랜만에 만난 친구들이라 대부분 차 한 잔 대접하고 돌려보낸 경우가 많았다. 개중에는 자신의 진로를 고민하고 상담하고 싶어 하는 친구들도 있었다. 나는 그들에게 휴대폰에 들어 있는 한 달 치 스케줄을 보여달라고 했다. 대부분 특별한 게 없었다. 일주일에 한 번 등산 가고 한 달에 한두 번 친구들 만나고 하는 게 전부였다.

이번에는 내 스케줄을 보여주었다. 그들은 깜짝 놀랐다. 비어 있는 날이 거의 없었기 때문이다. 외부 행사나 고객과의 약속도 많았지만 그렇지 않은 날은 책을 읽고 글을 쓰거나 공부를 하고 강의를 듣느라 빽빽한 내 스케줄을 보면서 놀란 것이다. 나와 그들의 차이가 뭘까? 그 친구들은 인풋$_{input}$이 없다. 그러니 아웃풋$_{output}$이 없는 건 당연한 일이다. 그들은 매일 같은 일을 되풀이한다. 새로운 사람도 안 만난다. 몸에 새로운 세포가 끊임없이 생성돼야 헌 세포가 죽듯이 뇌와 정신에도 끊임없이 새로운 세포가 생성돼야 하는데 그러지 않는다.

책을 읽고 글을 쓰고 공부를 해야 생각이 바뀐다. '이대로 살아선 안 되겠구나. 이런 삶을 살아야겠구나'라는 생각이 든다. 안 가본 곳을 가 보고 안 하던 걸 해봐야 삶이 바뀐다. 그런데 그들은 그러지 않았다. 그리고 지금도 무위도식하고 있다.

이 책을 처음 쓰기로 마음먹은 지는 1년도 넘었다. 생각날 때마다 주제와 소재를 툭툭 던져 넣기는 했지만 쉽사리 진도가 나가지 않았다. 지금까지 두 권의 책을 내면서 경험한 것은 평소 글 쓰는 습관도 필요하지만 탈고할 때는 몰입을 해야 한다는 것이다. 열흘이 됐든 한 달이 됐든 간에 집중해서 쓰는 과정이 필요하다. 권투로 치면 일종의 결정타 finish blow 다.

지금 당장 하지 않으면 영원히 못 한다

좀처럼 몰입을 못 하고 있는데 한 유명 작가가 지난 추석 연휴 5일 동안 책 한 권(그의 91번째 책)을 탈고했다는 말을 듣고 충격을 받았다. 더 이상 미루면 안 된다고 생각했다. 그래서 컴퓨터 바탕화면과 휴대폰 배경화면에 이런 메시지를 넣었다. '지금 하지 않으면 영원히 못 한다 Now or Never.' 그때부터 매일 새벽에 글을 썼다. 저녁에는 운동을 하고 밤 10시 이후는 TV 시청을 끊었다.

그 좋아하는 영화도 안 봤다. 그 시간에 책을 읽고 글을 쓰기로 했다. 한 달을 몰입하자 결과물이 나왔다. 이 책은 그렇게 탄생했다. 생각만 하고 있어서는 소용이 없다. 마음먹었다고 결과가 나오지 않는다.

내 삶에 새로운 생명력을 불어넣는 데 나이나 환경은 그리 중요하지 않다. 일단 설계도를 짜보자. 설계해야 일이 시작되고 시작해야 몰입이 되고 몰입을 경험해야 강력한 실행이 이루어지는 법이다. 일단 설계도를 짜고 마음먹은 만큼 충실히 한 덕분에 1년을 지지부진하던 책 쓰기를 한 달 만에 탈고를 할 수 있었다. 이게 남다른 비결이다.

6

{ 자기 인생의 주인공이 돼야 한다 }

"될 때까지 그런 척하면 그렇게 된다."

실리콘밸리의 격언이다. 그런 척하라는 말이 아무 행동도 하지 말고 폼만 잡으라는 것은 아니다. 실제로 그 일이 이루어진 것처럼 믿고 그렇게 되도록 자기 일상을 살아가라는 말이다. 인생의 각본을 썼다고 머리에만 담아두면 아무 소용이 없다. 각본과 다른 삶을 살아서는 안 된다. 매일매일 그 각본을 염두에 두고 생각하고 실천하며 살아야 한다.

내 인생의 해시태그를 정해야 한다

그러려면 내 인생의 해시태그를 정해야 한다. 일찍이 자신의 해시태그를 정하고 그런 삶을 산 성공한 사람들을 살펴보자. 세계 4대 부호로 알려진 마이크로소프트 창업주 빌 게이츠Bill Gates의 해시태그는 '1가구 1PC'였다. 당시 대형 컴퓨터가 팔리던 시절이라 말도 안 되는 꿈이라고 모두 비웃었지만 결국 그는 이루어냈다. 지금은 1가구 1PC를 넘어 1인 1PC, 심지어 모든 사람이 각자의 작은 컴퓨터를 손에 들고 다니는 시대가 됐다.

테슬라 창업주 일론 머스크Elon Musk의 최근 해시태그는 '테슬라 기술왕Technoking of Tesla'이다. 다소 장난스러워 보이지만 그의 정체성을 읽을 수 있는 단어다. 카카오 김범수 의장은 '모바일 시대=커뮤니케이션'이라 보고 카카오톡 메신저를 개발했다. 우아한 형제들의 김봉진 의장의 해시태그는 '배달의민족', 쿠팡 김범석 의장의 해시태그는 '로켓배송', 마켓컬리 김슬아 대표의 해시태그는 '새벽배송'이다. 그 한 단어들이 그들을 오늘로 이끌었다.

내 해시태그는 '국가대표 가정행복코치'다. 나는 그 단어로 20년을 활동해오고 있다. 당신의 해시태그는 무엇인가? 무엇이 여러분을 살아 숨쉬게 하고 가슴 뛰게 하는가? 아직 못 찾았는가?

그렇다면 지금부터 내 인생의 해시태그를 찾아보자.

나는 책을 두 권 쓴 작가다. 첫 책 『이럴 거면 나랑 왜 결혼했어?』는 2012년 5월에 출간해 3년 넘게 결혼 분야 베스트셀러가 됐고 스테디셀러 반열에도 올랐다. 두 번째 책 『차라리 혼자 살 걸 그랬어』도 2017년 11월에 출간해 베스트셀러가 됐고 지금까지 스테디셀러에 올라 있다.

모든 저자는 자신의 책이 베스트셀러가 되기를 바란다. 첫 책이 나올 때는 더 그렇다. 나도 그랬다. 나는 첫 책이 나왔을 때 책 홍보 현수막을 제작해 승용차 유리창에 붙이고 다녔다. 하루는 아내가 현관문을 열고 들어오더니 길길이 뛰었다. 아파트 지하 주차장에서 내 차에 붙은 현수막을 보고 창피했던가 보다.

중소형 출판사는 대개 한 달에 한 권 정도 책을 낸다. 그러니 출판사는 내 책을 지속적으로 홍보하기 어렵다. 다음 달이면 다른 책이 나오기 때문이다. 대부분의 작가들은 출판사가 책을 팔아주는 줄 안다. 절대로 아니다. 책은 작가가 팔아야 한다. 출판사 사장들이 이구동성으로 하는 말이 있다. 초짜 작가들이 책 한 권 내놓고 "왜 내 책 안 팔아주냐?"라며 성화를 부린다는 것이다. 작가로 성공하고 싶으면 누구에게든 자기 책에 관한 이야기를 하고 다녀야 한다. 사실 이 정도는 어느 작가든 한다. 더 나아가

자기 책에 관한 글이나 칼럼을 일주일에 두 번은 써야 한다. 블로그나 SNS를 통해 기존 독자와 잠재 독자들과 꾸준히 소통해야 한다.

자신의 각본대로 주도적으로 살아야 한다

첫 책의 출간 계약을 할 때 출판사 사장이 했던 말이 기억난다.
"작가님! 결혼 분야 시장이 워낙 작아서 이 책 잘 안 팔릴 겁니다. 결혼 분야의 주 고객층은 기혼여성들인데 돈 주고 책 잘 안 사요. 그런데도 저는 출간을 합니다. 왜냐하면 원고 내용이 너무 좋아서요. 그러니 너무 큰 기대는 하지 마세요."
그런데 책이 출간되자 독자들의 반응이 뜨거웠다. 2년간 여러 차례 증쇄를 했고 사장이 감사 인사를 했다.
"이 책이 이렇게 효자가 될 줄은 몰랐어요. 작가님은 다른 작가님들과 달리 꾸준히 칼럼을 쓰시고 강의도 하시고 방송 출연을 하시니 이런 결과가 오네요. 작가님께 감사드려요."
"어이쿠 감사는 제가 해야지요. 책 잘 만들어주셨잖아요."
책 얘기를 하려는 게 아니다. 하나의 예를 들었을 뿐이다. 각본을 썼으면 그 주인공처럼 살아야 한다. 실제 내가 그런 사람이 될 때까지 생각하고 행동해야 한다. 일주일에 두 번 정도는 내 각본과 관련된 글을 쓰고 SNS를 통한 포스팅을 3년만 지속해보라. 어느새 그 분야의 최고 전문가가 된다. 3년간 주 2회씩 같은 주제로 글을 쓰는 사람이 없기 때문이다. 나를 아는 모든 사람이 내 각본을 알게 된다. 어느새 나는 내 각본의 주인공이 돼 있다.

내 각본의 주인공이라는 것은 결국 내 인생의 주인공이라는 것이다. 내 삶을 살아가는 게 바로 나라서 당연한 말이라고 여길지 모르지만 실상은 그렇지 않을 때가 많다. 내 계획과 목표는 없이 누군가를 따라 하고 추월하는 게 인생의 목적이라면 불행의 늪에서 헤어날 수 없다. 기껏 추월해봤자 그보다 더 높은 곳에 먼저 도달한 다른 사람을 보며 불행을 느낄 것이다.

내 인생을 산다는 것은 내 의지로 살아간다는 뜻이다. 그 의지는 누군가가 만들어 놓은 목표와 각본을 따라 하는 '흉내 내기'를 뜻하지 않는다. 내 인생의 해시태그는 '국가대표 가정행복코치'다. 내 사명이자 정체성이다. 남들이 "네가 무슨 국가대표냐?"라고 시비를 걸 수도 있지만 지금까지 그런 사람은 없었다. 실제로 그런 경기 종목이 있다면 내가 출전해서 당당히 금메달을 딸 수 있다고 믿는다. 지난 10년간 그렇게 행동해왔기 때문이다.

10년 전 '행복한 아버지 모임'을 만들어 격월로 아버지들과 함께 모여 공부해왔다. 또 5년 전 대한민국 최초의 커플 스쿨 '둘이 하나데이'를 만들어 매월 21일 부부들을 초청해 오프라인 강연회를 해왔다. 그 두 모임을 합쳐 2019년 9월 21일에는 100회 쇼를 개최했다. 돈벌이가 아니라 재능기부로 10년 동안 자기 이름으로 100회 행사를 해 온 사람이 얼마나 되겠는가? 그동안 얼마나 많은 스토리가 있었겠는가. 그 스토리를 글과 영상으로 꾸준히 전달했으니 사람들이 나를 국가대표 가정행복코치로 인정해주는 것이라고 생각한다.

또 가정행복코치로서 내 가족이 행복하지 않으면 헛소리에 불과하기에 언행일치와 삶행일치를 위해 노력해왔다. 다 큰 아들딸이야 이제 자신들의 삶을 살 테고 그동안 나를 위해 30년 넘게 헌신해온 아내를 위해 '와이프데이'를 만들어 5년째 실천해오고 있다. 와이프데이는 보름마다 갖는 부부 데이트 날이다(그래서 아내는 와이프데이가 아니라 부부데이로 해야 한다고 항변한다). 내가 오전 근무만 하고 퇴근해서 아내와 함께 영화나 공연을 보거나 맛집을 방문하거나 교외로 드라이브를 간다. 다른 사람들이 하면 자랑질이 되지만 '국가대표 가정행복코치'인 내가 하면 콘텐츠가 된다. 그게 내 각본이다.

7

{ 자기 인생의 각본을 직접 써야 한다 }

●

 많은 사람이 자신이 행복할 권리를 다른 사람들에게 넘겨주고 있다. 부모가 나에게 이렇게 해줘야 행복하고, 자식이 나에게 이렇게 해줘야 행복하고, 배우자가 나에게 이렇게 해줘야만 행복하다고 생각하는가. 사장이 또는 직원들이 나에게 이렇게 해줘야 행복하다고 생각하는가. 그렇다면 당신은 당신 삶의 주인공이 아니다.
 각본은 원래 연극과 영화의 줄거리다. 흔히들 인생이란 무대에 우리 각자가 주연 배우라고 비유한다. 각본 없는 연극과 영화가 없듯이 각본 없는 삶도 없다. 나는 내 삶의 주인공이다. 나를 주인공으로 하는 〈내 인생〉이라는 영화를 만든다고 치자. 누가 각본을 써야 할까? 당연히 내가 직접 써야 한다. 그 누구도 대신해줄 수 없다. 당신이 보기에 당신의 삶은 어떤가. 딱히 내세울 것도 없는, 그저 그렇고 그런 삶 같은가. 그렇게 보일 수도 있다. 과연 그럴까? 겉보기엔 지극히 평범해 보여도 자세히 들여다보면 대단히 치열한 삶을 살았을 것이다.

"똑같은 것을 수없이 찍어내는 게 상품이다. 명품은 소수를 찍는다. 작품은 딱 하나만 찍어내는 거다. 그런 점에서 인간은 누구나 다 신의 작품이다."

서울대학교 송병락 교수가 한 말이다. 이 세상에 당신 같은 삶을 산 사람이 또 있는가. 아무도 없다. 당신은 단 하나의 작품이다. 그런데 왜 별 볼 일 없어 보일까. 기록하지 않아서 그렇다. 정리하지 않은 삶은 두리뭉실해 보일 수밖에 없다. "태어나서 그냥 살고 있다."라는 말밖에 할 수 없다. 정말 당신의 삶이 그 정도밖에 안 되는가. 그렇지 않다. 당신은 신의 작품이다.

아직 다가오지 않은 미래를 기록하라

지금까지는 그렇게 살았어도 괜찮다. 그러나 이제부터는 달라야 한다. 이제부터는 다른 삶을 살아야 한다. 남은 당신의 여생을 지금처럼 살아간다면 당신의 일생은 이렇게 기록될 것이다. '태어나서, 살다가, 죽었다.' 이래서는 안 되지 않겠는가. 이 책을 쓴 이유도 그런 목적에서다. 독자 여러분에게 나름 치열했을 당신의 삶을 정리해보게 하고 싶었다. 지나온 과거도 기록하고 아직 다가오지 않은 미래도 기록해보자. 당신의 매일을 하루 한 장씩만 기록한다면 1년이면 365장이다. 대략 책 한 권의 분량이다. 1년에 책 한 권이 나오는 것이다.

미래를 기록한다는 게 뭔가. 내 인생의 각본을 쓰는 것이다. 물론 내가 미래가 어떨지 예측할 수는 없다. 우리가 맞닥뜨려야 할 불확실한 세상, 즉 미래는 결코 우리가 예상하는 대로 그저 그렇게 다가오지 않을 것이다. 시나리오 플래닝 연구소의 토마스 처맥Thomas J. Chermack은 저서 『미래전략 시나리오 플래닝』에서 다가올 미래 상황에 대해 '술 취한 원숭이가 벌에 쏘여 행동하는 것과 같다.'라고 표현했다. 술에 취해 통제력을 잃은 상태에 난데없이 벌한테 쏘이기까지 한 원숭이가 어떤 행동을 할지는 예측 불가하다. 하지만 내 행동을 선택할 수는 있다. 술 취하지도 말아야 하고 벌에도 쏘이지 않도록 단단히 준비해야 하지 않겠는가. 그래야 이 불확실한 미래를 헤쳐 나갈 수 있지 않겠는가.

자기 인생의 각본을 매일 쓰는 것은 일기 쓰기와는 좀 다르다. 일기는 오늘 있었던 일을 기록하고 반성과 평가를 주로 한다. 반면 각본은 의지와 수정이 이루어진다. 인생을 어떻게 살지 계획하는 것은 적극적으로 자기 의지를 개입해야 한다. 그리고 영화나 드라마를 더 나은 작품으로 만들기 위해 수없이 수정하듯이 각본도 수정을 해야 한다.

자신이 처한 극한 상황에서 인생의 각본을 고쳐 쓰고 자기 미래를 전격적으로 바꾼 사람이 있다. 앞서 소개한 바 있는 빅터 프랭클이다. 그는 독일 나치 치하의 유대인 강제수용소에서 수감자로서 삶과 죽음을 목격하게 된다. 수용소에서 부모와 형제와 아내를 모두 잃었다. 그 자신도 추위, 굶주림, 폭행, 그리고 목숨까지 잃을 수 있는 극한의 공포에 시달렸다. 그는 그런 최악의 상황에서도 희망을 잃지 않았다.

최악의 상황에서도 삶의 의미를 기억하자

빅터 프랭클에게는 하루 한 잔의 물이 주어졌다. 그는 그 물의 반은 세수를 하고 나머지 반은 식수로 마셨다. 겨우 한 컵에 불과한 물로 세수까지 한다는 것은 수용소의 열악한 환경을 생각하면 미친 짓으로 보였을 것이다. 하지만 그는 인간의 존엄, 즉 인간의 삶을 살아갈 미래를 포기하지 않았기 때문에 날마다 세수를 하고 유리 조각으로 면도를 하며 스스로를 지켜내고 버텨냈다.

그는 수용소에서 지난날의 회상에만 빠져 현실에 절망하지 않았다. 또 보이지 않는 미래라고 하여 삶을 포기하지도 않았다. 당시 수용소의 유대인들은 유독 연말연시에 가장 많이 죽었다고 한다. 그는 그 이유에 대해 "절망이 그들을 죽음으로 몰고 갔다."라고 말했다. 연말이 돼도 새해가 밝아도 전쟁이 끝날 기미가 보이지 않아 절망에 빠지고 그만큼 몸도 상한 것이다.

그는 달랐다. 그는 스스로 이 땅에 태어난 존재 목적을 틈만 나면 되뇌었다고 한다. 그는 죽음의 수용소 아우슈비츠에서 살아남아 훗날 자신의 경험을 토대로 새로운 정신치료법 이론을 개발해 대학 강단에 서는 꿈을 꾸었다. 결국 그는 그곳에서 살아남아 '로고테라피'라는 정신치료법 이론을 창시해 지그문트 프로이트Sigmund Freud와 알프레드 아들러Alfred Adler에 이어 세계 3대 심리학자로 우뚝 섰다.

인생의 각본을 쓰는 사람은 망각의 덫에서도 자유롭다. 빅터 프랭클은 열악한 수용소에서도 심리학과 정신의학에 대한 원고를 쓰고 숨겨두었다. 그런데 그 옷을 잃어버리고 말았다. 기껏해야 한 장 정도의 원고를 써둔 파일을 잃고도 멘붕에 빠지는데 원고를 통째로 잃어버렸다니 아찔하다. 하지만 그는 아예 새로 쓰기로 마음먹고 수용소에서 겪은 것들을 글로 썼다. 그 책이 바로 『죽음의 수용소에서』다. 어떤 상황에서도 자신의 각본을 쓰는 주체는 바로 자신이라는 것을 잊지 않았던 사람이다.

그는 언제 가스실로 끌려가 죽음을 맞이할지 모르는 환경에서 하루하루를 보내야만 했다. 만약 그가 미래를 기록하는 일을 멈췄더라면 어떻게 됐을까? 그 또한 다른 유대인들처럼 절망의 늪에서 헤어나지 못하고 죽음을 맞이했을 것이다. 그가 위대해 보이는 것은 단지 그 수용소에서 살아남았기 때문은 아니다. 왜 살아야 하고 또 이 시간을 어떻게 살아야 하는지 끊임없이 물으며 인생의 각본을 작성했다. 그 각본대로 인간의 존엄을 지키며 수용소 생활을 매일매일 기록했다. 자기만의 각본이 있었기 때문에 살고자 하는 행동과 삶을 긍정으로 대하는 태도가 나올 수 있었던 것이다.

그렇다. 그의 삶을 통해 우리는 어떤 절망 속에서도 희망이 있으며 어떤 상황에도 삶의 의미가 있다는 것을 깨닫고 살아갈 힘을 얻는다. 지금의 현실이 절망적인가? 불행하다고 느끼는가? 그렇다면 각본을 다시 써라!

8

{ 인생의 각본을 어떻게 쓸 것인가 }

●

인생의 각본을 '쓴다'고 한다. 하지만 그전에 '구상構想한다'고 하는 게 맞다. 쓰기 전에 먼저 구상해야 한다. 구상한다는 것은 이미 존재하는 것이 아니라 존재하지 않는 어떤 것을 상상하고 그걸 시각화하는 것이다.

자신의 정체성을 한 문장으로 정의하라

어느 현명한 왕이 전국의 내로라하는 학자들을 불러 모아 세상의 모든 지혜를 정리하라고 명했다. 학자들은 머리를 맞대 논의한 끝에 열두 권의 책을 만들어 왕에게 전했다. 왕은 책을 받아 보고는 "정말 좋은 내용이로구나. 분명 세상의 지혜이며 보물이지만 너무 두꺼워 많은 백성이 못 읽을까 염려되니 더 짧게 줄여주시오."라고 다시 명령했다. 그 후 열두 권의 책은 한 권으로 요약됐다.

왕은 한 권의 책도 너무 많다며 한 장으로 요약하라고 다시 명령했다. 학자들이 더욱더 분발해 한 장으로 줄였다. 하지만 왕은 한 장의 글도 읽지 못하는 백성이 있을까 염려되니 단 한 마디로 압축하라고 마지막 명을 내렸다. 학자들이 머리를 짜내고 짜내 왕에게 최종적으로 전한 말은 '천하막무료天下莫無料', 즉 '세상에는 공짜가 없다.'라는 말이었다.

격언의 내용을 말하려는 게 아니다. 이와 같이 개인이든 조직이든 국가든 존재 이유와 정체성을 나타내는 말을 단 한 문장, 한 단어로 정리할 수 있어야 한다. 그것은 미국의 철학자 리처드 로티Richard Rorty가 『우연성 아이러니 연대성』이라는 책에서 말한

'마지막 단어'와도 같다. 마지막 단어란 세상의 종말이 와도 절대로 양보할 수 없는 가치, 자기 목숨과도 같은 가치관이다. 당신에게 그 마지막 단어 또는 한 문장은 무엇인가? 내 한 문장은 이렇다. "나는 가정행복 전도사다." 내 생명이 끝나는 날까지 나와 함께 따라다닐 것이다. "나는 어떠한 경우에도 가정행복 전도사로서의 사명감을 잃지 않을 것이며 나는 나와 우리 가족의 행복은 물론 다른 가족의 행복을 위해 헌신할 것이다."라는 선언이다. 그러기 위하여 나는 나의 모든 상상력, 의지, 양심을 동원한 사고, 언어, 행동을 통해 관련 콘텐츠를 생산하고 유통하고 보급할 것이다.

어떻게 인생의 각본을 작성할 것인가

내 인생의 각본을 두괄식으로 작성해보자.

1. 먼저 한 문장으로 내 존재 이유 또는 미션을 쓴다.
   (예) "나는 가정행복 전도사다."
2. 사명을 진술문으로 구체화한다.

(예) "나는 가정행복코치로서 나와 내 가정의 행복, 나아가 다른 가정의 행복을 돕는 사람이 된다."

3. 장기 목표를 설정한다.

   (예) "1년 내에 무無나리오스쿨을 설립한다. 3년 내에 시니어성공센터를 설립한다. 10년 내에 이혼예방센터를 만든다."

4. 구체적인 실천 계획을 세운다.

   (예) 만다라트 Mandal-Art 차트를 작성한다.

꼭 이런 방법이 아니라도 자신만의 방법으로 해도 좋다.

1. 먼저 되고 싶은 큰 그림을 그린다(want to be)
   - 여러 개라면 일단 다 적어본다. 그중에서 한 가지를 정한다. 나머지는 보관해둔다.
   - 진짜 되고 싶은가? (도중에 바뀔 것 같지 않은가? 바뀌어도 괜찮다.)
   - 왜 그렇게 되고 싶은가? 하위 욕구를 검증한다.
2. 비전을 구체적인 서술문으로 바꿔 쓴다(what To be).
   - 언제 달성할 것인가(나이)?

- 어느 장소에서(직업 또는 가정, 회사, 공동체)
- 어떤 포지션, 모습, 상태로(직위, 역할)
- 누구에게
- 어떤 영향력을 미칠 것인가?

3. 어떻게 이룰 것인지를 생각한다(how to do).
   - 요구되는 능력, 부족한 능력은 무엇인가?
4. 장기, 중기, 단기로 실천 계획을 세운다.
5. 완성된 각본을 낭독한다.
   - 매일 첫 시간에 10분간 읽는다. 적어도 한 달 간 그렇게 한다.
   - 한 달 후에는 주 1회 같은 시간에 낭독한다.

왜 글로 적어야 하는가? 우리의 기억력이 형편없기 때문이다. 자신이 하는 말을 녹음해보라. 그리고 다시 들어보라. 아마도 상당 부분 '어, 내가 언제 이렇게 말했지?' 하고 생각하게 될 것이다. 하물며 10년, 20년 뒤에 지금의 내 모습을 어찌 기억해 내겠는가. 또 살아가면서 수많은 변수와 장애물들을 만날 것이다. 목표가 생생하지 않으면 어느새 다른 길로 빠져 버린다.

글로 써야 하는 이유가 또 있다. 미국 캘리포니아 도미니칸 대

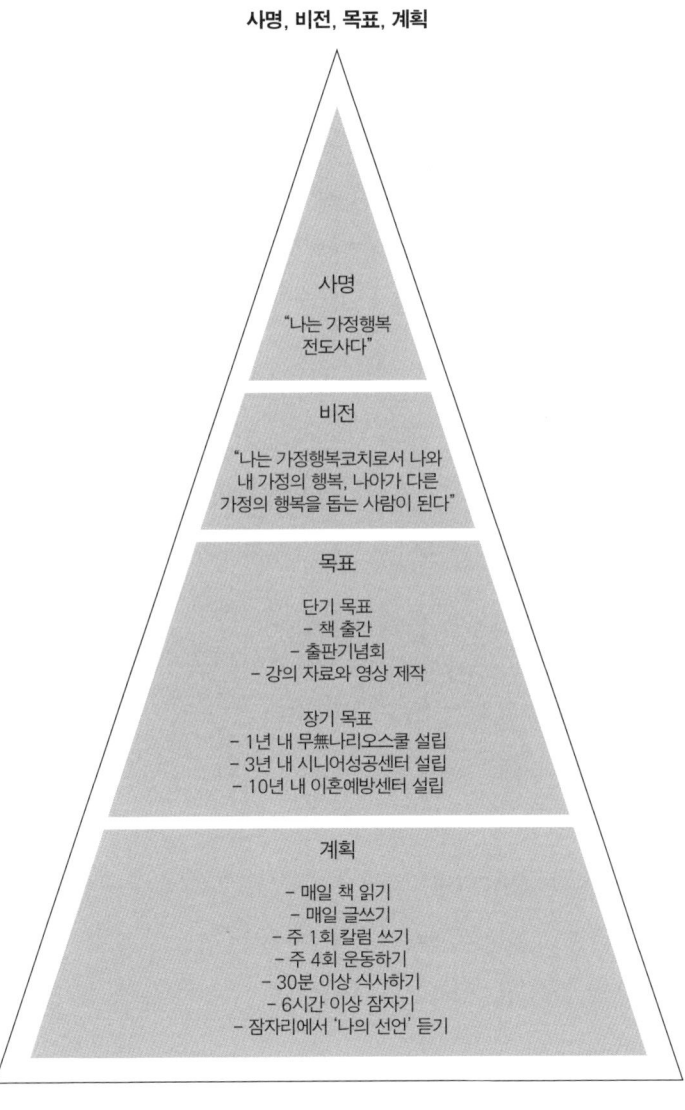

학교의 게일 매슈스Gail Matthews 교수가 연구한 결과를 보면 목표를 기록하는 단순한 행동만으로도 성취도가 42퍼센트나 올랐다고 한다. 목표를 머릿속에만 담아두지 말고 일일이 글로 쓰는 이유는 바로 그 순간부터 실행이 이루어지기 때문이다.

글로 쓸 때는 몇 가지 주의할 게 있다. 먼저 미래 시제가 아니라 현재 시제로 써야 한다. 어떻게 할지는 불확실한 미래의 변수에 따라 알 수 없다. 이러한 불가측성은 행동을 주저하게 만들 수도 있다. 현재시제로 쓴다는 것은 당장 실행에 옮긴다는 의미와 함께 단호한 결의를 다지는 효과도 있다. 그리고 부정적인 단어나 문장은 긍정문으로 바꾼다. 글은 마음의 태도를 다듬어주는 효과가 있다. 아무래도 부정적인 단어나 문장은 마음의 문을 닫게 만들 수 있다. 긍정의 의미를 담은 문장으로 바꾸는 것은 삶의 희망을 키워가는 주문이기도 하다.

나는 책상 위에 다음과 같은 글을 써놓았다.

'네가 만일 불행하다는 말을 하고 다닌다면 불행이 정말 어떤 것인지 보여주겠다. 네가 만일 행복하다는 말을 하고 다닌다면 행복이 정말 어떤 것인지 보여주겠다.'
-버니 S. 시겔

텍사스 대학교 제임스 페너베커 교수는 개인 블로그 3만 5,000개와 학생들 에세이 1만 5,000개를 분석했다. 그 결과 부정적인 단어들을 많이 사용하는 사람들은 질병이나 외로움, 신경증, 우울증에 시달릴 가능성이 더 크다는 사실을 발견했다. 반면 긍정적인 단어를 다채롭게 구사하는 이들은 직장생활뿐만 아니라, 여가 활동에서도 더 성실하고 적극적이고 몸도 더 건강했다.
-행경 이야기 중에서

금수저 흙수저 타령을 할 게 아니라 내가 어떤 삶을 살 것인지 각본을 세우고 긍정적인 자세로 살면 내 인생이 달라질 수 있다는 말이다. 이 얼마나 희망적인가.

만다라트 차트는 1987년 일본의 디자이너인 이마이즈미 히로아키今泉浩晃가 만든 발상 기법이다. 일본의 오타니 쇼헤이大谷 翔平라는 야구선수가 자신의 목표 달성을 위한 도구로 활용해서 널리 알려졌다. 현재 미국의 메이저리그에서 활약하는 쇼헤이는 '일본의 베이브 루스'라는 별명을 가질 만큼 당대의 최고 야구선수로 꼽힌다. 그가 최고의 선수로 우뚝 설 수 있었던 것도 자신만의 각본이 있었기 때문이다.

쇼헤이는 자신이 목표했던 프로 구단의 지명을 받기 위해 만다라트 차트 기법을 이용했다. 그는 '8구단 드래프트 1순위'라는 핵심 목표를 정했다. 그 목표를 달성하는 데 필요한 세부 목표와 실행 계획들을 방사형으로 확산해 나가며 작성했다. 그리고 일상의 모든 행동을 거기에 맞췄다.

나도 만다라트 차트를 만들었다.

자신만의 인생 각본을 쓸 때 주의할 게 있다. 정체성과 직업을 혼동하지 말아야 한다. 많은 사람에게 꿈, 곧 정체성을 물어보면 직업적 희망을 얘기하는 사람이 많다. 직업은 꿈을 이루기 위한 수단일 뿐이다. 돈을 많이 버는 큰 회사의 사장이 되고 싶다는 사람이 있다. 그런데 먼저 돈을 벌어서 어디에 쓸 것인지를 생각해야 한다. 그러기 위해 사장이 되는 것이다. 그게 없으면 돈만 밝히는 돈벌레가 된다. 목적이 없는 각본은 삶의 도구에 휘둘리고 만다. 돈을 많이 벌어 무엇을 하겠다는 게 없다 보니 그저 돈만 많이 벌려고 한다. 그 과정에서 무리수를 두게 된다. 온갖 불법과 반윤리적 행위가 벌어지는 것이다. 자기 인생이, 삶의 목적이 비윤리적인 인간이 되는 것이라고 밝히는 것밖에 되지 않는다. 아무리 돈이 많아도 손가락질을 받는 이유다.

인생의 각본을 작성할 때 사명이나 미션 등을 적어야 하는 이유는 분명하다. 삶을 살아가는 도구에 휘둘리지 않고 자기 인생

유산소 운동	영양제	건강 검진	주택	현금· 예금	토지	출간	방송 출연	협회
근력 운동	건강	눈, 치아	상가	재정	사업	동창회	경력	단체· 기관
스트레칭	수면	식사	주식	보험	연금	학교	교회	시니어
10대 뉴스	와이프 데이	아내 건강	건강	재정	경력	책 출간	유튜브	강의안
가정경영 10개년 계획	가족	요리	가족	가정행복 전도사	지식· 콘텐츠	영상 촬영과 편집	지식· 콘텐츠	홈페이지
아들 집	딸 결혼	손자 돌보기	여행	신앙	봉사· 기부	파워 포인트 프레지	블로그와 포스트	브런치 칼럼
중국	미 동부	미 서부	성경 공부	목장	예배	인세 기부	현금 기부	재능 기부
동남아	여행	호주 뉴질랜드	기도	신앙	헌금	멘토링	봉사· 기부	심사위원
서유럽	동유럽	북유럽	전도	선교사 후원	교제	코칭	상담	강의

의 주인공이 되라는 것이다. 그 목적이 반드시 거창하거나 성인의 삶이 아니어도 괜찮다. 자신이 주인이 되는 삶이라는 것을 명확히 인식할 수 있는 것이라면 무엇이든 상관없다.

9

{ 인생을 자신의 것으로 만들어야 한다 }

이제 본격적으로 인생의 각본을 써보자. 지금부터 딱 두 시간만 투자해보자. 볼펜 한 자루와 A4지 한 장만 있으면 된다. 휴대폰도 끄자. 각본을 쓰려면 골방에 들어가 혼자만의 시간을 갖고 자기 자신을 직면하는 것이 필요하다. 공부가 됐든 운동이 됐든 배우는 시간도 필요하지만 혼자 연습해서 자신의 것으로 만드는 과정이 반드시 필요하다. 그때 비로소 내 것이 되고 내 실력이 된다.

먼저 내 과거를 되돌아보자. 내가 지금까지 살아오는 동안 잘한 일, 성공한 일, 자랑스러운 일(이걸 '플러스'라고 하자)을 써본다. 포기한 일, 잘못한 일, 실패한 일, 수치스러운 일(이걸 '마이너스'라고 하자)도 써본다. 그다음 플러스 항목 중에서 자신이 잘할 수 있는 일, 주특기를 정리한다. 그게 바로 나의 자원$_{resources}$이다. 그리고 마이너스 항목 중에서 내가 지금까지 먹고사느라 포기했던 것, 그 가운데 앞으로도 안 하고 죽으면 후회할 것 같은 일을 두세 개만 적는다. 이건 나의 버킷리스트$_{bucket\ list}$다. '자원+버킷리스트'가 바로 나의 현재다.

내 자원 중 그 자원을 필요로 하는 사람들에게 무상으로 나눠주는 게 바로 재능기부다. 거기에 내 시간의 70퍼센트를 써보자. 돈을 벌려고 해선 안 된다. 젊은 시절 펄펄 날 때도 못 벌었던 돈을 나이 들어서 절대로 벌 수 없다. 내 시간의 나머지 30퍼센트는 버킷리스트를 이루기 위해 배우러 다니자. 바야흐로 평생학습의 시대라 하지 않는가. 자, 이로써 인생의 각본은 모두 끝났다. 두 시간이면 충분하다.

인생의 각본을 썼으면 행동으로 옮겨라

각본을 썼으면 현실로 만들어야 한다. 두 시간 만에 쓴 각본의 현실화는 장기전이다. 지금부터 내 재능기부 활동과 평생학습을 통한 버킷리스트 활동을 SNS를 통해 주 2회 정도 의무적으로 포스팅하자. 그렇게 3년만 해보자. 여기서 주의할 게 있다. 가끔은 괜찮지만 음식 사진, 음주 사진, 풍경 사진만은 제발 올리지 말자. 주객이 바뀐 SNS가 되고 만다. SNS 활동을 하는 목적은 분명하다. 따라서 그 목적에 충실할 필요가 있다.

물론 개중에 SNS 활동이 익숙하지 않거나 부담스러운 분들도 있을 것이다. 그러나 이것도 생각을 바꿔야 한다. 과거부터 익숙

시나리오 수립 프로세스

	과거 (인생2막)		현재 (하프타임)		미래 (인생3막)		
+	① 나의 성공, 보람, 자랑	⇨	③ 내가 잘할 수 있는 일 (자원) (①에서 추출)	⇨	⑤ 재능기부 (시간 70% 사용)		사명 (정체성)
-	② 나의 실패, 좌절, 포기	⇨	④ 내가 꼭 하고 싶은 일 (버킷리스트) (②에서 추출)	⇨	⑥ 평생학습 (시간 30% 사용)	⇨	⑦ 주2회 SNS 활동(일관성) 3년간(지속성)

한 방식만 고집하는 한 우리에게 새로운 세상은 오지 않는다. 내 자신과 세상이 변화되기 위해서 과거에는 매스 미디어에 의존할 수밖에 없었다. 그러나 세상이 바뀌었다. 이제는 스마트폰 하나만 있으면 된다. 언제 어디서나 SNS를 통해 비용 한 푼 들이지 않고 내 모든 콘텐츠를 세상에 알릴 수 있으니 얼마나 축복받은 세상인가. SNS는 내가 세상을 향해 나아가고 세상에서 검증받는 최고의 소통 수단이다.

기꺼이 낯선 사람을 만나고 도움을 받아라

여러분이 어려움에 처하거나 도움을 받아야 할 때 누가 도와줄까? 30년 지기 친구들이 도와줄 것 같지만 사실은 그렇지 않다. 지금 여러분이 하는 일은 여러분과 같이 활동하는 사람들, 즉 그 일을 하느라 최근에 만난 사람들이 더 큰 도움이 된다. 이걸 '낯선 사람 효과' 또는 '약한 연결의 힘'이라고 한다. 낯선 사람 효과는 달라진 패러다임에 살고 있다는 것을 보여주는 말이다. 원래 인간은 끼리끼리 뭉치는 문화에 익숙하다. 낯선 것은 경계의 대상이다. 늘 무리를 짓고 구분하는 것으로 정체성을 확인한다. 그런데 반향실 효과eco chamber 효과처럼 무리 안에서 서로가 주고받는 정보에 지나친 확신만을 하게 된다. 이른바 고인 물이 되고 마는 것이다.

낯선 사람 효과는 다양하게 존재하는 다른 집단과의 연결을 말한다. 외부의 에너지와 생각을 연결하는 융합과 통섭을 뜻한다. 고인 물이 아니라 늘 흘러가는 물길이 돼 창의의 물결이 흘러넘치도록 한다. 이제 낯선 사람을 제대로 연결하는 사람이 성공하는 시대가 됐다. 이 효과를 소개한 리처드 코치Richard Koch는 '80 대 20 법칙'으로도 유명하다 그는 『낯선 사람 효과』라는 책을 통해 슈퍼 커넥터라는 개념을 소개했다. 동일한 집단보다 각각의 집단이나 네트워크를 연결하는 개인과 기업을 슈퍼 커넥터라고 한다. 서로 다른 '사회적 조각'을 연결해 더 풍부한 자원을 공유할 수 있도록 해준다.

낯선 사람들을 만날 수 있는 곳이 바로 SNS 공간이다. 블로그, 트위터, 페이스북, 인스타그램, 유튜브 등. 그중에서도 나는 페이스북을 추천한다. 페이스북을 해보면 재야에 숨은 고수가 엄청 많다는 걸 알 수 있다. 작성자의 생각이나 가치관이 텍스트로 많이 올라온다. 그들의 글을 보면 과거에 말한 지식인과 오피니언 리더의 정의에 대해서 다시 생각하게 된다. 인생도처人生到處 유상

수有上手라는 말이 실감 날 것이다. 세상에 좋은 일 하는 사람들이 정말 많다. 물론 나쁜 놈들이나 사기꾼들도 많다. 하지만 그건 조금만 주의를 기울이면 금방 가려낼 수 있다.

SNS를 통해 그 두 가지 일, 즉 재능기부와 버킷리스트 활동을 3년만 기록으로 남겨보라. 그러면 어느새 여러분은 그 분야의 전문가가 돼 있을 것이다. 이게 바로 내 사명이자 정체성이다. 여러분은 어느새 많은 사람에게 영향력을 미치는 사람이 된 것이다. 그때부터 어쩌면 돈이 들어오기 시작할지도 모른다. 아니, 진짜 돈이 들어온다. 처음에는 시간당 10만 원짜리 일을 하겠지만 시간이 지나면서 시간당 100만 원짜리 일을 하게 될 수도 있다.

각본을 쓰고 그대로 실천한 것이 보람으로, 세상의 변화로, 내 수입원으로 돌아오니 그야말로 1석 3조 아닌가. 여러분, 이게 바로 새로운 인생 아닌가? 인생은 절대 만만하지 않다. 그러나 그렇게 어려운 것만도 아니다. 인생은 도전하는 자에게는 살 만하고 재미있는 놀이터다. 자, 이제부터 신나게 한번 놀아보자.

2장
성공하는 인생의 각본을 써라

인생의 목표를 정하기 전에 반드시 네 가지를 점검해야 한다. 자신이 정말 잘하는 것, 하고 싶은 것, 사회가 원하는 것, 옳다는 확신이 드는 것이다.
-스티븐 코비

에피소드

{ 국제 소송에 걸리다 }

●

"상무님! 홍콩 법원에서 영어로 장문의 팩스가 들어왔는데요. 아무래도 소송 서류 같은데요."

"뭐? 소송이요? 일단 나한테 보내주세요."

추석 연휴 전날, 신나리 상무가 퇴근 준비를 서두르고 있는데 공장에서 전화가 걸려왔다. 수십 장의 팩스가 수신되고 있었다. 얼핏 보니 홍콩의 에이전트인 필립에게서 온 것이다. 자세히 들여다보니 회사가 그를 통해 수주한 C국 G시 국제 전시장 지붕

공사의 중개수수료를 지급하라는 소송이었다. 공사가 다 끝났는데도 회사는 잔금을 못 받은 상태였다. 그래서 그에게 잔금을 받아내도록 독촉하고 있었고 잔금이 들어오면 그에게 수수료를 지급할 예정이었다. 그런데 통상 C국 공사를 한 경우 마지막 잔금을 못 받는 일이 비일비재했다. 그래서인지 필립은 C국에서 잔금을 받으려 할 생각은 하지 않고 회사를 상대로 덜커덕 소송을 제기한 것이다.

호랑이 굴에 들어가도 정신만 차리면 된다

소송 서류를 다 읽고 난 신나리 상무는 호흡이 가빠지고 몸이 부들부들 떨렸다. 소송가액이 무려 100만 달러였다. 액수도 액수지만 그렇게 믿었던 파트너였기에 배신감이 너무 컸다. 신 상무는 필립과 동년배로 비슷한 시대를 살았기에 왠지 모르게 그에게 정이 갔었다. 또 그가 막 창업했던 때인지라 도움을 주고 싶어서 그를 에이전트로 선택했다. 또 신 상무는 필립이 한국에 올 때마다 자기 집에서 접대하곤 했다.

'어떻게 해야 하지? 내일부터 시작되는 추석 연휴가 일주일이나 되는데. 다른 때 같으면 해외 영업부 직원들을 불러 모아서 회의 하고 소주잔 기울이면서 분풀이를 했을 텐데…….'

그는 분한 마음에 정신을 차릴 수 없었다. 크게 심호흡을 하고 분노를 삭였다. 서류 뭉치를 가방에 쑤셔 넣고 헬스장으로 향했다. 두 시간 동안 열심히 운동을 하고 샤워를 한 후 차를 몰고 집에 가는데 차창으로 맞는 가을바람이 그렇게 상쾌할 수가 없었다. 불과 두 시간 전만 해도 그의 마음은 갈 곳을 잃었는데 기분이 이렇게 달라질 수 있다는 게 놀라웠다. 그는 어떤 각본을 세워야 할지 그림을 그렸다.

집에 도착한 신 상무는 저녁 식사를 하고 서류를 샅샅이 읽어 나가기 시작했다. 2주 안에 변호사를 선임해 답변서를 제출해야 했다. 그것도 국내 변호사가 아니라 홍콩 변호사를 통해야 했다. 역시 필립은 교활한 친구다. 이 친구는 한국 시장을 너무나 잘 안다. 소송 서류를 추석 연휴 직전에, 그것도 신 상무가 근무하는 본사를 피해 공장으로 보내서 시간 벌기를 하려 한 것이다. 아마도 추석이 지나 신 상무 손에 들어가게 하려고 했던 것 같다. 우왕좌왕하다가 회사가 제때 응소를 못 하거나 잘못된 전략을 세우게 하려는 수작인 듯하다.

추석 긴 연휴 동안 그는 완벽하게 준비를 했다. 국내에 있는 국제 변호사를 수소문해 일단 연락을 취하고 추석 이후에 만나 홍콩에 있는 변호사를 다시 선임하기로 전략을 세웠다. 그는 추석 연휴 동안 오로지 소송 준비에만 집중했다. 계약서, 그와 필립 사이에 오고 간 팩스, 이메일 등 수천 장의 서류를 누가 봐도 한눈에 알 수 있도록 날짜별로 일목요연하게 다 정리했다. 추석 연휴가 끝나자마자 그는 변호사를 만나 일사천리로 일을 처리했다.

그 후 1년 동안 변호사와 함께 홍콩을 오가며 소송을 진행했다. 결과는 회사의 완승이었다. 변호사를 두 명이나 선임하고 외국에서 진행하는 소송이다 보니 적지 않은 비용이 들어갔지만 승소하게 되니 정말 기뻤다.

위기일수록 더 냉철하게 대응해야 한다

우리는 살아가는 동안 크고 작은 위기를 맞는다. 위기는 불편하고 불쾌하다. 그때 대부분은 화풀이하거나 신세를 한탄하거나 술을 마시는 등 잘못된 대응을 하는 수가 많다. 위기일수록 더 냉철해져야 한다. 위기의 순간에 어떤 전략을 세우고 어떻게 대응하느냐에 따라 결과는 천지 차이다. 각본이 있는 것과 없는 것의 차이다.

후일담인데, 재판이 진행되는 동안 필립이 신 상무에게 전화를 걸어왔다. 재판이 그에게 불리하게 진행되고 있는 것을 알게 된 다음이었다. 그는 신 상무의 집 주소를 알고 있다며 재판에서 지면 신 상무는 물론 가족까지 가만두지 않겠다고 협박을 했다. 신 상무는 피식 웃으며 전화를 끊었다.

"홍콩 영화를 너무 많이 봤군. 자기가 무슨 유덕화야, 주윤발이야."

1

{ 삶을 미리 준비해보자 }

●

 내가 성공하지 못한 이유가 뭘까? 행복하지 못한 이유는 또 뭘까? 실패만 거듭하는 이유가 뭘까? 준비되지 않은 삶을 살기 때문이다. 매년 새해가 되면 한 해의 트렌드를 읽어주는 책이 출간된다. 많은 사람이 그 책을 사서 읽으며 고개를 끄덕거린다. 미래 예측이 궁금하기 때문이다. 10년 뒤 대한민국과 세계가 어떻게 될 것인가에는 지대한 관심을 가지면서 정작 10년 후 내가 어떤 사람이 될 것인가는 고민하지 않는다. 이 얼마나 아이러니한가?

인공지능, 블록체인, 클라우드, 빅데이터가 어떻고 4차 산업혁명이 어떻고 뭔가 거창한 사회적인 이슈를 얘기하면서 정작 내 지능과 내 데이터를 채울 생각은 하지 않는다.

준비한 자와 준비하지 않은 자의 차이를 알아보자. 2016년 3월 알파고와 이세돌의 대국을 기억할 것이다. 인공지능과 인간의 세기적 대결로 이목이 쏠린 바둑 승부로 구글에서 개발한 바둑 프로그램 알파고가 이세돌 9단과의 대결에서 4 대 1로 승리한 사건을 말한다. 승부를 떠나 이 대국에서 우리가 주목해야 할 것은 각본의 차이다. 구글이 이 대결을 제안하면서 패배를 염두에 두었겠는가? 그들은 승리의 각본을 완벽히 짰다.

"알파고는 지금까지 100만 번의 바둑을 두었습니다. 보통 바둑 선수가 1년에 1,000번 경기를 한다고 보면 알파고는 1,000년에 가까운 수련을 한꺼번에 받은 셈입니다."

딥마인드 공동창업자이자 최고경영자이며 구글 엔지니어링 부사장인 데미스 하사비스Demis Hassabis가 한 말이다. 구글은 계약서 작성에만 4개월이 걸렸다고 한다. 그 제안을 받은 한국 측은 하루 만에 계약서에 서명하고 대국을 수락했다. 한국 측은 패배는 전혀 예상치 못하고 '최하 100만 달러는 받는다.'라는 생각만 했다고 한다. 이세돌 9단은 알파고와의 첫 대국이 있기 전 인터뷰에서 "당연히 내가 5 대 0으로 이긴다. 내가 한 번이라도 진다면 그것이 뉴스가 될 것이다."라고 말했다. 구글 최고경영자 에릭 슈미트Eric Emerson Schmidt는 이세돌 측이 거절할까 봐 1,000만 달러를 준비했다는 후문도 있었다.

준비된 자만이 기회를 놓치지 않는다

결과는 한마디로 구글의 꽃놀이패였다. 이세돌은 대국료와 승리 수당을 모두 포함해 17만 달러(약 2억 원)를 받았다. 알파고는 대국료, 승리 수당, 우승 상금 100만 달러까지 모두 123만 달러(약 14억 6,000만 원)를 가져갔다. 구글의 더 큰 승리는 대국 이후 주가 상승이었다. 구글이 영국 딥마인드사를 인수하면서 시작한 인공지능 투자는 이세돌과의 대국에서 큰 결실을 보았다. 투자자들은 구글로 몰렸고 구글 주가는 1주일 동안 큰 폭으로 상승했다.

블룸버그통신은 구글 지주회사인 알파벳의 클래스 A와 C 주식 시가총액이 1주일 동안 약 244억 7,000만 달러(약 29조 원)씩 증가했다고 보도했다. 합산하면 489억 4,000만 달러다. 우리 돈으로 환산하면 무려 58조 원이다. 구글이 대국에 내건 판돈은 1주일 동안 불린 시가총액의 0.003퍼센트에도 못 미치는 17억 원에 불과했다. 알파고는 이세돌과의 대국 이후 은퇴를 선언했다. 이 대국으로 알파고는 세계 최고의 바둑 기사가 됐기 때문이다. 계약서 준비에만 4개월에 100만 번의 연습을 어찌 당하겠는가.

기회도 준비된 자에게 먼저 찾아오는 법이다. 아니, 준비된 자가 기회를 놓치지 않고 잡는다. 미국의 인지심리학자인 대니얼 사이먼스Daniel Simons와 크리스토퍼 차브리스Christoper Chabris는 재미있는 실험을 소개했다. 한 동영상을 보고 하얀 옷을 입은 선수들이 농구공을 몇 번 패스하는지 세어보게 했다. 동영상에는 검은 옷을 입은 선수들도 나와서 패스하기 때문에 매우 주의 깊게 봐야 한다. 이 동영상은 인터넷에서도 검색하면 나오기 때문에 독자들도 직접 해보면 좋을 것이다. 하얀 옷을 입은 선수들이 패스한 횟수를 정확히 맞췄다면 혹시 이상한 점은 발견하지 못했는가?

실험 결과는 흥미로웠다. 아무도 선수들이 오가는 동안 고릴라가 천천히 지나가는 것을 보지 못했다고 한다. 당신도 그러한가? 그렇다면 그 이유는 무엇일까? 고릴라는 쏜살같이 지나간 것도 아니고 느릿느릿 지나가며 가슴까지 두드렸다. 이제 고릴라가 영상에 나온다는 정보를 인지한 뒤에 다시 영상을 보자. 분명히 고릴라가 보일 것이다. 이 실험은 '보이지 않는 고릴라' 실험으로 유명하다. 동명의 책도 나와 국내에도 소개됐다.

보이지 않는 고릴라 실험은 인지심리학에서 '선택적 주의'와 관련한 것이다. 사람은 다양한 정보 중에서도 자신에게 필요한 정보만 선택해서 받아들인다는 것을 보여줬다. 우리 주변에는 너무나 많은 정보와 기회가 널려 있다. 그러나 내가 관심이 없다면 그 정보와 기회는 아예 눈에 들어오지 않는다. 만약 실험 동영상에서 패스 횟수만 보라고 할 게 아니라 전반적인 경기를 보라고 했다면 어땠을까? 고릴라도 발견했을 것이고 또 다른 관찰적 요소도 찾아낼 수 있었을 것이다.

정보와 기회는 이처럼 다양하고 폭넓게 바라보는 시각을 갖춘 사람이 유리하다. 미리 이러한 시각을 갖추는 준비를 해야 한다. 내 주변에 어떤 환경적 요소가 있는지, 또 나에게 유리한 정보가 무엇인지 헤아릴 줄 아는 지혜를 갖추는 것도 당연히 준비과정에서 할 일이다. 이기는 각본을 짜는 사람은 자신을 둘러싼 여러 가지 환경적 요인을 꼼꼼하게 살필 줄 안다. 기회와 위기, 강점과 약점 등 흔히 말하는 스왓SWOT 분석을 자연스럽게 한다. 그러니 위기에 몰려도 쉽게 낙담하거나 포기하지 않는다.

기회는 찾아오는 게 아니고 찾아야 한다

제2차 세계대전 당시 북아프리카 전선은 독일의 명장 에르빈 롬멜Erwin Rommel 장군의 기갑부대가 영국군을 궁지에 몰아넣고 있었다. 파죽지세로 전선을 돌파하는 롬멜 장군의 기갑부대에 영국군은 속수무책으로 당했다. 급기야 전선을 책임지는 사령관이 교체될 정도로 밀리고 있었다. 이때 버나드 몽고메리Bernard Law Montgomery 장군이 새 사령관으로 부임했다. 그는 본국에서 빨리 반격하라는 닦달에도 꿈적하지 않고 반격의 기회를 엿봤다. 제대로 준비하지 않고 섣불리 전투를 벌였다가는 아예 아프리카를 독일에 넘겨줄 수도 있다고 판단했다.

몽고메리 장군은 충분한 병력과 무기가 공급되고 병사들이 제대로 훈련을 거칠 때까지 기다리고 또 기다렸다. 그 와중에 독일군은 보급에 문제가 생기는 바람에 우세한 상황에서도 조급해지고 말았다. 몽고메리 장군은 충분히 준비됐다고 판단을 내렸다. 어차피 독일군은 보급 문제로 점점 더 나빠질 수밖에 없었다. 영국이 승리의 꽃놀이패를 쥐게 된 셈이다. 압도적인 전력과 보급 물자까지 더해졌으니 이제 승리의 각본을 현실에서 펼치는 일만 남았다. 몽고메리 장군은 과감한 공격을 시도했다. 그리고 역사에서 보여주듯 그의 전략은 성공했다. 결국 독일군은 전투에서 실패하고 아프리카와 지중해까지 포기해야만 했다.

기회는 찾아오는 게 아니고 찾아야 하는 것이다. 그렇다면 당장은 보이지 않는 기회를 찾아내는 안목을 길러야 한다. 내가 원하는 것을 성취하기 위해서 무엇을 준비하고 노력해야 하는지도 알아야 한다. 그래야 이기는 각본을 쓰고 꽃놀이패를 손에 쥘 수 있다.

2

{ 상처와 실패를
지혜의 초석으로 삼자 }

●

 당신은 부모에게 물려받은 게 없는 흙수저라서, 이혼 부모의 자녀라서, 가방끈이 짧아서 세상이 원망스러운가? 나는 못 살 수밖에 없다고? 잘 사는 게 오히려 이상하다고?
 여기 한 흑인 소녀가 있다. 1954년 미시시피주 외곽의 한 시골 마을에서 사생아로 태어났다. 그녀는 감자 포대로 옷을 만들어 입어야 할 만큼 가난한 할머니 밑에서 유년기를 보낸다. 여섯 살이 되던 해 할머니의 건강이 악화돼 엄마가 있는 위스콘신주

밀워키로 보내진다. 그 후 어린 그녀에게 가난을 넘어서는 고통스러운 시간이 시작된다. 엄마는 어린 딸들을 책임지기 위해 청소부로 일하느라 집을 비웠다. 당시 아홉 살이던 그녀는 사촌 오빠에게 강간을 당했고 친척들과 엄마의 지인에게까지 성적인 학대를 당했다.

그녀는 이 끔찍한 일을 엄마에게 털어놓지 못했다. 상처 받은 마음을 견디지 못해 삐뚤어졌다. 학교를 결석했고 여러 남자를 만났고 돈을 훔치기까지 했다. 결국 그녀의 엄마는 세 아이를 홀로 키우는 것이 힘에 부치자 그녀를 친부에게 보냈다. 이때 그녀의 나이는 불과 열네 살이었고 아빠가 누구인지조차 모르는 아이를 밴 상태였다. 그녀는 임신 7개월이 될 때까지 부모에게 그 사실을 숨기다가 결국 조산으로 아이를 낳았다. 그렇게 태어난 아기는 한 달을 버티지 못하고 세상을 떠났다.

그녀의 아버지는 이대로 딸을 포기했을까? 아니다. 그녀의 친부는 상처받은 딸이 새로운 삶을 살 수 있도록 딸의 교육에 매진했다. 다시 학교로 돌아가 학업을 계속하고 인생의 목표를 설계할 수 있도록 정신적, 물질적인 지원을 아끼지 않았다. 열여섯 살에 그녀는 고등학생이 됐고 다시 학업에 집중했다. 방과 후 활동으로 지역 라디오 방송국에서도 일을 시작했다. 또한 연설 대회에서 상까지 받으며 테네시주에 있는 4년제 대학에 다닐 수 있는 장학금을 받았다.

인생의 성공은 타인이 아니라 자신에게 달렸다

그녀는 당당하게 장학금을 받고 입학했다. 그리고 여유로운 캠퍼스 생활을 즐기는 대신 곧장 방송국에 입사했다. 볼티모어의 WJZ-TV에서 공동 앵커 자리를 제안받은 그녀는 방송계에 발을 내디뎠다. 이때부터 그녀의 커리어가 승승장구하게 된 걸까? 아니다. 그녀는 'TV에 맞지 않는 인물'이라는 평을 들었다. 앵커 자리에서 해고되고 토크쇼 진행자 자리로 좌천됐다.

하지만 위기를 기회로 삼는 것이 그녀의 가장 큰 장점이었다. 당시 맡은 프로그램을 시청률 바닥에서 1위로 끌어올리며 방송계에서 자신의 존재를 증명했다. 탁월한 공감 능력이 토크쇼 진행자로서 빛을 발하게 됐던 것이다. 백인 남성 진행자뿐이었던 방송계에서 당당히 존재감을 드러내며 1986년에 드디어 본인의 이름을 건 〈오프라 윈프리 쇼〉를 진행하게 됐다. 그녀가 2011년 고별 방송을 진행하기 전까지 25년 동안 약 5,000여 회가 방

영됐다. 전 세계 140여 개국에서 수천만 명의 사람들이 그녀의 방송에 열광했다. 20년 넘게 낮 시간대 TV 토크쇼 시청률 1위를 고수한 역사적인 프로그램으로 그녀는 사람들의 뇌리에 남았다.

그녀가 얼마나 독보적인 존재인가는 '인생의 성공은 타인이 아니라 자신에게 달렸다.'라는 뜻의 신조어 '오프라히즘'에서 알 수 있다. '미국 최고의 방송인' '가장 부유한 아프리카계 미국인', 『타임』 선정 '20세기 영향력 있는 인물', 『포브스』 선정 '세계에서 가장 영향력 있는 셀러브리티' 등 온갖 수식어가 모자랄 만큼 영향력 있는 방송인이자 프로듀서, 기업인으로 거듭난 오프라 윈프리Oprah Gail Winfrey. 그녀의 화려한 성공 뒤에는 굴곡진 성장 과정을 이겨낸 의지와 노력이 있었다.

그녀는 말한다. 당신의 각본을 지금 당장 고쳐 쓰라고. 2018년 1월에 발간된 『보그 코리아』를 보면 그녀의 말을 빌려 이런 구절이 나온다. "'상처를 지혜의 초석으로 삼으라Turn your wounds into wisdom.' 당신은 그녀의 명언 앞에서 뭐라고 변명하겠는가." 당신이 성공하지 못한 이유는 그렇게 살기로 선택했기 때문이다. 그 누구의 탓도 아니다. '난 절대로 안 돼. 나는 성공할 수 없어.'라는 마음가짐을 갖고 끊임없이 포기한 결과다.

비관주의에 빠져 있으면 백약이 무효다

"절대, 절대, 절대 포기하지 마라!Never, never, never give up!"
영국의 전 수상 처칠이 한 말이다. 그가 제2차 세계대전이 끝난 뒤에 옥스퍼드 대학교의 졸업식 축사에서 단 6분의 짧은 시간 동안 한 말이다. 애초에 30분이나 예정된 축사 시간에 단 6분의 메시지는 절대로 포기하지 말라는 말로 요약된다. 그는 전쟁을 승리로 이끌었다. 하지만 영국의 위기는 이제부터라고 생각했다. 그도 그럴 것이 영국은 전쟁을 치르느라 만신창이가 됐다. 위대한 대영제국이라는 빛바랜 깃발을 부여잡고 있을 뿐 이미 세계질서의 주도권은 미국으로 넘어갔다. 영국이 전쟁의 후유증으로 비관주의 관점에서 현실을 바라봤다면 로마처럼 사라져 간 제국이 될 수도 있었다. 그런 분위기가 팽배했던 시절에 처칠은 절대로 포기하지 말라는 메시지를 던졌다. 개인도 마찬가지다. 비관주의에 빠져 있으면 백약이 무효다. 포기하지 말고 일어서야 한다.

캘리포니아 대학교 심리학과의 교수이자 『행복도 연습이 필요하다』의 저자인 소냐 류보머스키Sonja Lyubomirsky는 인간이 행복해지는 데 유전적인 결정 요소는 50퍼센트이고 환경적 요인이나 조건은 10퍼센트밖에 영향을 미치지 않는다고 했다. 나머지 40퍼센트의 요인은 행복해지겠다는 개인의 의지와 행복해지기 위해 구체적으로 실천에 옮길 수 있는 여러 가지 기술들이라고 주장했다. 바꾸어 말하면 본인의 노력 여하에 따라 행복을 증대할 가능성이 40퍼센트나 된다는 것이다. 앞의 두 가지 요소가 60퍼센트나 되니 일면 커 보인다. 하지만 그 60퍼센트를 모두 가진 사람은 찾기 힘들다. 오히려 후천적으로 개발할 수 있는 40퍼센트는 엄청난 가능성이다.

여러분의 삶이 쓸모없다고 생각하는가? 쓸데없는 삶은 없다. 쓸 삶만 있다. 우리 삶이 아무리 힘든들 스티븐 호킹Stephen Hawking만큼 또는 닉 부이치치Nick Vujicic만큼 힘든가. 인생 앞에서 변명하지 말고 지금 당장 내 인생의 각본을 고쳐 쓰자.

3

{ 왜 우리는 변화하지 못하는가 }

●

"정상에 오르고 싶다는 생각만으로 정상에 오르는 게 아니야. 올라야지!"

"홈런을 치고 싶다는 생각으로 홈런을 치나? 쳐야지!"

"관심이 있어서 잘하는 게 아니야. 해봐야지."

"잘하고 싶다는 생각으로 잘하는 게 아니야. 해!"

"그러니깐 생각만으로는 아무것도 아니야. 해야지"

최근 내가 꽂힌 한 금융기관의 광고다. 나는 인생의 반환점을 도는 동안 이런저런 경험을 많이 했다. 28년 동안 직장 생활을 했고 14년째 기업을 경영하고 있고 20년째 가정행복코치로 활동하면서 기쁜 일도 슬픈 일도 즐거운 일도 힘든 일도 많이 겪었다. 승승장구하며 다니던 회사가 부도가 나기도 했고 개인적으로 경제적 위기를 겪은 적도 있다. 결혼 생활도 만만치 않았다. 3박 4일 아내와 싸운 적도 있고 사춘기 자녀와 갈등하며 힘들어했던 기억도 난다. 건강이 나빠 오랫동안 약을 먹기도 했다.

우리는 인생의 변곡점을 통해 성장하고 변화한다

인생의 산전수전을 다 겪다 보니 나름 삶의 지혜랄까 철학이랄까 이런 게 생긴다. 젊어서는 직장 생활을 하느라 바쁜 탓도 있지만 새로운 일을 시도할 엄두를 못 냈다. 아침에 출근하고 저녁에 퇴근하는 일상이 반복되다 보니 매일 그렇고 그런 날이었다. 관성의 법칙에 따라 그냥 하루하루 살아갈 뿐이었다. 나름 잘 나갔고 평생 그렇게 살 줄 알았다. 그러나 그런 인생은 없다. 시기의 차이일 뿐 언젠가 위기의 순간이 온다. 자신이 원해서든 또는 타의에 의해서든 그런 순간이 온다. 그때가 변곡점(터닝 포인트)이다. 누구든 이런 변곡점을 몇 번 경험하게 된다. 원하든 원하지 않든 간에 변해야 할 시기다.

이때 순응하고 변하면 된다. 그러나 대부분 그러지 못한다. '내게 왜 이런 일이?'라며 부정하거나 저항하려고 한다. 그러나 이미 때는 늦었다. 화살은 활을 떠났다. 싫든 좋든 화살은 과녁을 향해 가고 있다. 어차피 돌이킬 수 없는 일이라면 인정하고 순응해야 한다. 싫어도 필요한 것을 배우고 억지로라도 해내야 한다. 그럴 때 우리는 성장한다. 그때 새로운 인생이 시작된다.

1997년 IMF 시절 내가 다니는 회사가 부도가 났다. 당시 수많은 기업이 같은 운명에 처했다. 친구 회사도 같은 시련을 겪었다. 그때 나는 경영을 맡아 심기일전했다. 내가 원해서가 아니라 내게 주어졌기 때문에 안 할 도리가 없었다. 이왕 맡은 일 잘하리라 마음먹고 내 40대를 갈아 넣었다. 그러나 친구는 자신의 신세를 한탄하고 창업주를 욕하기 바빴다. 결국 친구 회사는 역사의 뒤안길로 사라졌다. 반면 우리 회사는 7년 만에 재기에 성공했다. 그때 나는 "위기는 기회다."라는 말을 몸으로 체험했다. 그 이후 웬만한 위기에는 흔들리지 않는 회복탄력성을 가지게 됐다.

아무것도 하지 않으면
아무 일도 일어나지 않는다

변곡점에는 새로운 사고, 새로운 각오, 새로운 행동이 요구된다. 원하고 말고 없이 무조건 변해야 한다. 그런데 왜 못 할까? 못 하는 걸까, 안 하는 걸까? 인간은 게으른 동물이다. 편하고 익숙한 것을 좋아한다. 살던 대로 사는 것을 좋아한다. 편하고 익숙한 것만 계속하면 어떻게 될까? 기계가 녹이 슬 듯이 사람도 녹이 슨다. 머리를 쓰지 않아 판단력은 흐려지고 몸에는 지방이 쌓이며 근력이 떨어진다. 이런 상태로 계속 살아가면 몸도 마음도 병든다. 사람은 망치가 되거나 못이 되거나 둘 중 하나다. 망치가 되면 못을 이용해 작품을 만들지만 못이 되면 망치에 두들겨 맞아 소모품이 될 뿐이다.

변해야 할 시점에 변하지 않는 이유가 뭘까? 왜 누구는 망치가 되고 누구는 못이 될까? 게으른 탓도 있지만 사실은 두려운 거다. 편하고 익숙한 것을 내려놓기가 두려운 거다. 게으름은 두려움의 다른 이름이다. 10분 더 자고 싶고, 배가 부르게 먹고 싶고, 힘든 운동 안 하고 싶고, 귀찮게 머리 쓰고 싶지 않은 거다. 속으로는 '어떻게 되겠지.'라고 생각한다. 그 결과는 어떨까? "콩 심은

데 콩 나고 팥 심은 데 팥 난다."라는 속담은 틀리지 않았다. 참 놀라운 일은 인생은 자기 자신이 원하는 대로 된다는 사실이다. 그러나 많은 사람들은 인생 후반전에 자기 자신이 원하지 않는 삶이 됐다고 말한다. 아니다. 내 인생은 내가 그렇게 살기로 마음먹고 부단히 노력해온 결과다. 마음은 원치 않았는지 모르지만 몸이 원한 결과다. 마음 따로 몸 따로 산 결과다.

운동을 예로 들어보자. 운동해야 한다는 건 누구나 안다. 코로나 시대가 되면서 활동량이 줄어 '확 찐자'가 많이 늘었다고 한다. 사회적 거리 두기로 사람을 만나지 못해 개인적인 시간이 늘었는데도 왜 운동을 안 할까? 헬스장이 문을 닫아서? 덕분에 홈 트레이닝 도구가 많이 팔렸다고 한다. 어디서든 하면 된다. 하는 사람은 한다. 내 아들은 운동 마니아인데 헬스장을 못 가게 되자 방 하나를 홈 트레이닝 전용으로 바꿨다.

나는 운동 마니아는 아니지만 코로나 시대가 장기화되니 꼭 필요하다 싶어 덤벨과 푸시업 바 등 몇 개의 장비를 구매했다. 주 4회 1시간 이상이 목표인데 지난주에는 6일이나 운동을 했다. 스트레칭 20분, 근육운동 30분, 플랭크 10분 정도 하면 추운 날씨에도 땀이 난다.

내가 다니는 헬스장 입구에 이런 문구가 있다.

"나는 운동할 시간을 찾지 않고, 운동할 시간을 만든다 I don't find the time to exercise. I make the time to exercise."

누구나 살아가면서 하고 싶은 일이 있다. 나름대로 아이디어도 있고 계획도 있고 꿈도 있다. 그러나 그걸 실천하는 사람은 많지 않다. 그래서 그 꿈은 이루어지지 않는다. 꿈을 이루는 방법은 일단 시작하는 거다. 한 발을 내딛는 거다. 그러다 보면 방향이 보이고 방법이 나타난다. 그다음에는 하늘에 맡기는 거다.

물론 안 하던 행동을 한다는 것, 새로운 일을 한다는 건 쉽지 않다. 더군다나 당장 할 필요가 없는데도 그 일을 시도하기란 더더욱 쉽지 않다. 그러나 정작 해야 할 때도 하지 않으면 살기를 포기한 인생이다. 아무것도 하지 않으면 아무 일도 일어나지 않는다.

4

{ 삶에는 우여곡절이 있게 마련이다 }

●

인생의 목적이 뭘까? 행복하게 사는 것이다. 잘 먹고 잘 사는 것이다. 누구나 그런 꿈을 꾼다. 100년을 잘 먹고 잘 살고 싶겠지만 그런 사람이 있을까? 그렇지 않다. 성공하기도 하고 실패도 할 것이다. 그게 삶이다. 삶에는 우여곡절이 있게 마련이다. 성공과 실패, 기쁨과 슬픔, 희망과 절망, 위기와 기회, 안정과 불안정이 끊임없이 반복되며 흘러간다. 만약 성공만 계속된다면 그 사람은 어떻게 될까? 하늘 높은 줄 모르고 교만해질 것이다. 세상저 혼자밖에 모르고 다른 사람은 배려하지 않고 무시하게 될 것이다. 그러면 종국에는? 실패하게 될 것이다. 나락으로 떨어지게 될 것이다. 그동안 실패를 경험해본 적이 없기에 회복할 수 없는 상태로 망가지게 될 것이다.

우리는 실패를 통해 비로소 자신을 되돌아본다

실패는 사람을 성장시킨다. 실패할 때 비로소 자신을 되돌아보기 때문이다. 무엇이 부족한지 어떤 선택이 잘못됐는지를 곱씹는다. 이렇듯 사람은 실패에서 배움을 얻는다. 실패보다 더 큰 실패가 뭘까? 실패를 통해서 배우지 않는 것이다. 실수나 실패는 누구나 하지만 아무나 실수나 실패로부터 배우지는 않는다. 회개 없이 돌아온 탕자의 모습이다.

살아가는 동안 수많은 문제를 만난다. 문제는 파도처럼 온다. 이제 끝났나 싶으면 또 다른 문제가 나타난다. 그래서 인생은 문제를 해결trouble shooting하는 과정이다. 우리는 문제 해결자trouble shooter다. 자기 앞에 나타나는 문제를 끊임없이 해결해야 한다. 그것이 우리의 과제이고 숙명이다.

"내 인생 최고의 행운은 창업한 애플에서 해고당한 것이다."

스티브 잡스Steve Jobs가 한 말이다. 그는 해고 뒤 인생관과 경영관이 크게 바뀌었다. 독선적 창업가가 유연한 경영자로 재탄생하는 계기가 됐고 훗날 애플 대도약의 밑거름이 됐다. 해고가 최고의 행운이라고? 대부분의 사람들은 해고당하면 '아, 망했다. 내 인생 끝났다.'라고 생각한다. 그러나 회복탄력성이 강한 사람들은 다르다. 그들은 역경을 딛고 다시 일어선다.

"난독증은 내게 기회를 줬다."

시스코시스템즈 최고경영자 존 체임버스John Chambers가 한 말이다. 그는 책은커녕 보고서 한 편조차 스스로 읽기 어려웠던 사람이었다. 그랬던 그가 어떻게 최고경영자가 될 수 있었을까? 그는 부하 직원이 써준 보고서를 읽는 대신 현장에 달려가 생생히 오가는 말과 느낌에 집중했고 경청의 대가가 됐다. 글로 읽을 수 있는 것보다 훨씬 많은 정보를 얻게 됐다. 고객들과 수없이 소통하면서 남들이 보지 못하는 것을 보았고 남들이 생각하지 못하는 것을 떠올렸다.

어떻게 회복탄력성을 키울 것인가

사람들은 문제에 봉착할 때 세 가지 선택을 한다.

(1) 그대로 산다 (미온적 대응)
(2) 포기한다 (최악의 대응)
(3) 고쳐서 산다 (적극적 대응)

『무지개 원리』의 저자 차동엽 신부는 또 다른 저서 『희망의 귀환』에서 위의 내용을 세 가지 바라봄望이라고 말했다. 관망觀望, 절망絶望, 희망希望이었다. 관망한다는 것은 자기 삶의 주인공 자리를 내려놓는 것이다. 절망을 선택한다는 것은 자기 삶을 포기하겠다는 말이다. 반대로 희망을 선택하면 긍정의 에너지가 몰려온다. 젖 먹던 힘까지 내게 되고 미처 생각지 못한 묘수가 떠오르며 주위 사람들은 물론 온 우주가 나서서 나를 도와준다.

"희망을 품지 않는 건 어리석은 짓이다. 그것은 죄악이라고 믿는다."

헤밍웨이의 소설 『노인과 바다』에 나오는 말이다. 그렇다. 희망을 품지 않는 건 어리석음을 넘어 자신에 대한 범죄 행위다.

한쪽 문이 닫히면 다른 문은 없는지 둘러보자. 좌절하지 말자. '이번 일을 통해 내게 주는 교훈이 뭐지? 어떤 좋은 일이 일어나려나?'라고 생각하자. 물론 그렇게 생각한다고 문제 상황이 갑자기 해결되지는 않는다.

내가 첫 책을 쓸 때의 일이다. 직장 생활로 한창 바쁠 때부터 책을 쓰기로 마음먹고 틈틈이 글을 썼다. 창업 이후에도 계속 썼는데 어느새 10년의 세월이 흘렀다. 그래도 책 쓰기는 여전히 제자리를 맴돌고 있었다. 2011년 어느 날 코엑스에서 북포럼 작가들과 독자들의 만남이 있었다. 앞자리에는 작가들이 50여 명 앉고 뒷자리에는 독자들이 400여 명 앉아 있었다. 내 자리는 물론 독자석이었다. 작가석에 앉은 사람들을 보니 새파란 20대도 보였다. 순간 내 안에 분노가 일었다. '저렇게 어린 친구들도 책을 쓰고 작가석에 앉아 있는데 나는 뭔가?'라는 생각이 들었다. 스스로가 너무 한심해 보였다. 나는 곧바로 결심을 했다.

'내년에는 내가 반드시 저 자리에 앉아야지!'

첫 책 『이럴 거면 나랑 왜 결혼했어?』는 이렇게 탄생했다. 2012년 5월의 일이다. 10년 동안 책을 쓰고 싶었지만 정작 집중해서 책을 쓴 기간은 5개월이었다. 원동력이 뭐였을까? 어떻게 10년 동안 지지부진하던 책 쓰기를 5개월 만에 마쳤을까? 그것은 '분노'였다. 내 자신에게 분노하고 나니 뭘 해야 할지 분명해졌다. 그래야 변화가 있다. 나는 이걸 '긍정적 분노'라고 부른다.

책을 쓰고 보니 독자들을 많이 만난다. 많은 분이 "책을 쓰고 싶어요." "작가가 되고 싶어요."라는 소망을 밝힌다. 그들에게 헤더 리치Heather Leach는 『창의적인 글쓰기의 모든 것』에서 이렇게 말한다. "작가는 되는 것이 아니라 하는 것이다."

미국인 최초로 노벨문학상을 수상한 싱클레어 루이스Sinclair Lewis가 하버드 대학교에 글쓰기 특강을 하러 갔을 때의 일이다. 그가 학생들에게 이런 질문을 던졌다. "글을 잘 쓰고 싶습니까?" 학생들이 모두 "네."라고 대답했다. 그러자 루이스가 말했다. "그럼 왜 여기 앉아 있습니까? 집에 가서 글쓰기를 해야죠." 그것으로 특강은 끝났다.

인생에 문제를 만났는가? 귀찮고 버거운가? 문제, 그까짓 거 해결하면 된다. 문제를 문제로만 인식하면 해결책이 없다. 늘 나를 괴롭히고 짓누른다. 문제에서 헤어 나오지 못한다. 문제를 만나면 '문제야! 너, 나타났어? 잠깐만 기다려. 내가 곧 해결해주지.'라고 생각하라. 문제는 더 이상 문제가 아니다. 내 밥일 뿐이다. 그러면 문제가 해결된다.

5

{ 문제의 여지를 남겨두지 마라 }

●

"불행은 혼자 오지 않는다."

엎친 데 덮친다. 설상가상이고 점입가경이다. 한 가지 문제도 해결 못 했는데 또 다른 문제가 온다. 그래서 문제는 파도처럼 온다고 했나 보다. 이젠 정말 견디기 힘들다. 왜 이럴까?

문제의 여지를 남겨두는 습성 때문이다. 공중화장실 세면대에 시계를 놓고 가거나 화장실에서 볼일을 본 후 휴대폰을 두고 깜빡 잊고 가버리는 사람들이 있다. 그런 사람들은 한두 번 그런

게 아니라 자주 그런다. 물건을 자주 잃어버리는 사람은 다가올 상황을 미리 인지하고 챙기는 능력이 부족하다. 지금 내 행동 후에 무슨 일이 일어날지를 생각하는 훈련이 안 돼 있다. '지금 이걸 호주머니나 가방에 넣지 않으면 내가 놓고 갈 수도 있지.'라는 생각을 못 한다. 그런 경험을 몇 번 하고 나면 매사에 자신감을 잃는다. 무의식중에 자신을 불신하게 되고 그 무의식은 다른 일에도 영향을 미쳐 또 그런 일이 생긴다. 소위 문제아가 되는 것이다.

나는 노트북을 사면 반드시 뒷면에 명함을 붙여놓는다. 혹시 분실했을 때를 대비하기 위해서다. 실제로 어느 날 집에서 노트북을 들고 나와 외부에서 상담한 후 식당에서 식사를 마치고 사무실에 왔는데 노트북이 없었다. '어, 이걸 어디서 잃어버렸지?'라고 생각하고 있는데 식당에서 전화가 왔다. 식탁 의자에 놓여 있는 노트북 파우치를 발견하고 열어보니 뒤에 명함이 있어서 연락을 한 것이다. 만약에 명함을 붙여놓지 않았더라면 어떻게 됐을까? 그 노트북을 찾을 수 있었을까?

사고가 터지기 전에 미리 사고 가능성을 염두에 두고 대책을 세워야 한다. 사고가 터질 수 있다고 가정하라. 사고가 터지면 어떻게 해결할 것인가를 생각하라. 그랬는데 문제가 안 생기면 학습 효과가 생겨서 좋고 문제가 생기면 사전 대책에 따라 해결하면 된다. 그게 유비무환의 자세다. 문제가 없으면 좋을 것이다. 그러나 문제는 파도처럼 온다고 하지 않았던가.

언제든 대형 사고가 터질 수 있다

자동차 보험을 왜 드는가? 혹시 있을지 모르는 사고를 대비해서 드는 것이다. 사고가 안 날 수도 있다. 실제로 사고는 잘 안 난다. 그러면 헛돈을 쓰는 것이다. 그런데도 사람들은 비싼 돈을 들여 보험을 든다. 자동차 보험에 가입하지 않는 사람들은 누군가? 대포차 등 범죄자들이거나 생계가 곤란해서 인생을 막살기로 결심한 사람들이다. 정상인이라면 당연히 보험을 든다.

직장 생활을 할 때 영업부서의 책임자로 일한 적이 있다. 두 개의 영업부서가 있었는데 선배 영업부장이 영업 1부를 맡고 신임 영업부장인 나는 영업 2부를 맡았다. 영업 실적으로 평가를 하기 때문에 두 부서 직원들의 실적 경쟁이 장난이 아니었다. 그때는 제품을 팔거나 건물을 지어주고 어음으로 대금을 받았을 때다. 그런데 납품한 회사에서 받은 어음이 부도가 나서 회사에 손실을 끼치는 경우가 꽤 있었다. 경쟁이 과열되다 보니 부실기업을 상대로 한 판매가 늘었기 때문이다.

판매 실적도 문제지만 부실채권 예방과 회수도 영업사원들에게는 큰 골칫거리였다. 그래서 내가 영업부장을 맡고 처음 한 일이 외상 매출채권 전수조사였다. 직원들에게 먼저 자신의 채권 중 우량채권과 부실채권을 구분하도록 하고 다음으로 부실채권이 부도가 난다는 가정을 세우고 회수 대책을 마련하라고 지시했다. 직원들이 난리가 났다. 그렇게 하면 거래처들이 다 떨어져 나가고 영업을 할 수 없다는 것이다. 그러나 나는 단호했다. 부실해질 수 있는 거래처는 버리는 게 낫다고 설득했다. 회사가 마련한 회수 대책에 따라 할인율 확대, 물량 조절, 납기 조정을 통해 거래처들을 설득하거나 압박해 현금 결제와 조기 결제를 유도했다. 그 결과 어음 부도율은 현저히 낮아졌고 회사의 수익성은 크게 개선됐다.

그게 바로 선제 대응이다. 사고가 터진 다음에 뒤따라 수습하는 후행 대응이 아니라 만약 대형 사고가 터지면 어떻게 할 것인가라는 가설을 세워놓고 선제 대응을 하는 것이다. 지금 내 선택이, 내 결정이, 내 행동이 앞으로 어떤 결과를 가져올 것인가를 미리 그려봐야 한다.

미리 선제적으로 대응하라

예상 각본 이야기를 하면 위기와 짝을 지어 생각하기도 한다. 위기에 대응하기 위해 미리 해결책을 마련해놓는 것이다. 실제로 위기 관리는 각본과 밀접한 관련이 있다. 위기가 터지고 난 뒤에 허둥지둥 헤맬 게 아니라 미리 선제적으로 대응하라는 것이다. 석유기업 로열더치셸은 예상 각본을 통해 위기에 선제적으로 대응하여 주목받았다.

정유 회사 로열더치셸은 석유 파동이 터졌을 당시에 다른 석유 회사와 달리 오히려 위기를 기회로 삼았다. 이 회사의 경영진은 1960년대부터 중동 정세가 심상치 않음을 느끼고 만약에 발생할 혼란스러운 정세에 어떻게 대처할지 미리 예상 각본을 짜놓았다. 기획 부서에서 정세 판단과 여러 가상의 상황을 설정한 뒤에 각각의 상황에 따른 각본을 수립한 것이다. 위기가 발생했을 때 설비 투자 등 인프라 투자를 줄이고 제품의 품질을 향상해 수익성을 높인다는 것이었다.

로열더치셸의 예상 각본을 통한 선제 대응은 실제 석유 파동이 일어났을 때 큰 힘을 발휘했다. 석유 파동이 일어나기 전까지만 해도 로열더치셸은 업계에서 수익률이 낮은 기업으로 통했다. 그러나 로열더치셸은 석유 파동이라는 위기를 기회로 전환했다. 회사가 선제 대응을 하면서 한순간에 최고의 수익률을 올리는 메이저 기업으로 위상이 바뀌었다.

일찌감치 위기를 예상하고 각본을 짜는 게 사실 쉽지는 않다. 평소에 위기가 발생할 수 있는 여지를 눈여겨보고 어떻게 대응할지 시뮬레이션하는 게 쉬운 일은 아니다. 그러나 쉽지 않다고 포기하면 더 참혹한 결과가 기다린다. 로열더치셸이 위기 각본을 수립할 당시 참여했던 피터 슈워츠Peter Schwartz는 현재 미래학자이자 시나리오 플래닝 전문가로 유명하다. 그가 예측한 위기 관련 각본 중에 9·11테러가 있다. 그는 당시 테러가 발생하기 몇 달 전부터 미국 본토에 테러리스트의 공격이 있을 것이라는 장문의 보고서를 백악관에 제출했다. 그러나 백악관은 이를 무시했다. 미국이 독립전쟁 이후 단 한 번도 본토 공격을 받은 적이 없었기 때문에 테러리스트의 본토 공격은 아예 있을 수 없다고 여겼다. 그 결과는 알다시피 참담했다.

위기 예상 대응 각본의 유무는 국가와 기업뿐만 아니라 개인에게도 막대한 영향을 미친다. 긍정적인 결과가 예상된다면 과감하게 추진하면 될 것이고 부정적인 결과가 예상된다면 그 요인을 사전에 제거하고 대비하면 된다.

6

{ 모든 책임은 자신이 지는 것이다 }

●

"서류 정리를 정말 잘해 놓으셨네요. 많은 도움이 되겠어요."

내가 뜻하지 않은 소송에 휘말렸을 때 사건을 맡은 변호사들이 했던 말이다. 소송을 염두에 두고 서류 정리를 했던 것은 아니지만 웬만한 서류는 스캔 후 폴더를 만들어 클라우드에 보관해왔다. 일이 종결되면 그때그때 서류 정리를 해놓았다. 오랜 직장 생활에서 훈련된 습관이다. 당장은 귀찮고 고달파도 나중에 요긴하게 쓰인다. 어떤 일을 대충 처리하면 나중에 치러야 할 비용이 불어나거나 전혀 예상치 못한 문제가 터질 수도 있다. 그때는 감당이 안 된다. 서류 정리를 나중에 하려고 하면 점점 귀찮아져서 안 하게 된다. 한 번 두 번 안 하다 보면 정리를 안 하는 습관이 생긴다. 나 스스로 사고 발생의 여지를 남겨놓는 꼴이다. 몇 건의 재판 끝에 깨달은 게 있다. 소송은 진실을 알고 있다고 해서 이기는 게 아니다. 자료를 바탕으로 사실을 증명해야 이길 수 있는 싸움이다.

변호사도 의사도 믿지 마라. '변호사가 전문가니까 알아서 하겠지.'라고 생각하지 마라. 변호사는 수백 건의 사건 중에 하나를 처리하는 것뿐이다. 물론 공부를 많이 한 전문가들이다. 하지만 그들도 실수할 수 있다. 그들이 대충대충 일할 수도 있다. 내가 법무법인에 맡긴 어떤 사건에서는 담당 변호사가 녹취록을 준 사실조차 기억하지 못한 일도 있었다. 그래서 나는 소송을 하면 변호사에게만 맡겨놓지 않는다. 소송 당사자가 나이기에 변호사가 나만큼 사실 관계를 알 수 없다. 내가 알고 있는 모든 정황과 정보는 물론이고 의견과 논리를 적극적으로 전달하고 변호사가 작성한 서류를 직접 검토하고 최종적으로 결정한다. 소송 결과 책임은 변호사가 지는 게 아니라 내가 지기 때문이다.

의사도 마찬가지다. 나는 오른쪽 어깨 회전근개 염증으로 오랜 기간 고생한 적이 있었다. 네 명의 의사와 두 명의 한의사를 만났는데 각자 진단이 다 달랐다. 당연히 치료법도 달랐다. 처음엔 그들의 말을 듣고 이것저것 해봐도 안 낫기에 나중에는 내가 판단하고 결정해야겠다는 생각이 들었다. 그다음부터 홀로 재활운동에 집중하기로 하고 3년 동안 매일 아침저녁 스트레칭을 꾸준히 해 스스로 완치했다.

좋은 일이든 나쁜 일이든 내 책임이다

'책임은 내가 진다The buck stop here!'

미국의 33대 대통령 해리 트루먼Harry Truman이 집무실 책상 위에 써놓았던 글귀다. 국정의 최고책임자이니 모든 책임은 자신이 진다는 솔선수범의 뜻을 담은 글일 것이다. 그런데 그렇게 하지 않는 정치인들이 한둘이 아니다. 궂은일이 생기거나 문책을 당할 것 같은 일에는 귀신같이 빠져나간다. 해리 트루먼 대통령은 엉겁결에 대권의 자리에 오른 인물이다. 제2차 세계대전이 막바지에 다다랐을 때다. 당시 루스벨트 대통령이 사망하자 부통령이었던 해리 트루먼이 대통령 자리를 승계해 취임했다. 해리 트루먼은 대통령의 자리에 오를 때까지는 그다지 주목을 받지 못했던 정치인이다. 그가 부통령이 된 것도 부통령 후보군 중에서 유일하게 루스벨트 대통령의 뉴딜 정책을 지지한 정치인이었기 때문이라고 할 정도로 존재감이 없었다. 그런데 그가 부통령 후보로 낙점된 또 하나의 이유가 있었다. 바로 루스벨트 대통령의 나이였다.

4선에 도전하는 루스벨트 대통령은 고령과 건강 문제로 재직 중에 어떤 일이 일어날지 몰랐다. 민주당 중진들은 혹시라도 대통령이 재직 중에 사망했을 때 쉽게 배후에서 조정할 수 있는 부통령 후보가 필요했다. 그들이 보기에는 그저 무난하고 평범한 상원의원에 불과한 해리 트루먼이야말로 가장 적임자였다. 하지만 그들의 예상은 빗나갔다.

트루먼 대통령은 앞서 이야기했듯 자신이 책임진다는 말을 적극적으로 실천한 인물이다. 그는 내각과 회의를 할 때도 위험 부담 때문에 결정을 주저하는 각료들에게 모든 책임은 자신이 질 테니 자신감을 가지고 일을 추진하라고 독려했다. 그는 누구에게도 쉽게 휘둘리지 않았다. 한국전쟁 때 맥아더 장군이 중국에 원자폭탄을 투하하자고 했을 때 전쟁이 확대되면 제3차 세계대전이 일어나리라 판단하고 과감하게 해임했다.

트루먼 대통령의 '책임은 내가 진다.'라는 뚝심이 없었다면 우리나라의 운명도 바뀌었을지 모른다. 한국전쟁 때 일찌감치 파병을 결정한 것도 트루먼 대통령이다. 그가 부통령을 할 때까지만 해도 아무도 그가 자신만의 정치를 펼칠 줄은 몰랐다. 그저 시키는 대로 하는 허수아비 대통령이 될 것이고 연임은커녕 단임에 그치고 역사의 뒤안길에 사라질 줄 알았다. 하지만 그는 자신의 생각과 결정에 책임을 지면서 그 이름을 역사에 남겼다.

트루먼은 삶의 역정에서 늘 자기 삶에 책임을 질 줄 알았던 인물이다. 그래서 정치적 결정에서도 과감한 결정과 무한한 책임을 지며 역사에 한 획을 그었다.

자기 삶의 주체로서 책임을 지자

자기 삶에 책임을 진다는 것은 어떤 의미일까? 삶에 책임을 질 줄 아는 사람은 기본에 충실한 사람이다. 일상적인 기본, 즉 매일 하는 일과 약속 등을 소홀히 하지 않는다. 이렇게 충실한 일상을 보내는 사람이야말로 인사이트를 얻을 수 있다. 인사이트는 그냥 하늘에서 뚝 떨어지듯이 영감을 얻는 게 아니다. 일상과 주변 환경에 대한 관찰과 깊은 이해가 있을 때 가능하다. 책임감이 강하면 주변의 상황을 쉽게 지나치지 않는다. 또한 책임을 지기 위해 자신과 일의 객관화를 잘한다. 예를 들어 일을 할 때도 현재 자신이 얼마나 일을 했는지와 어려운 점이 무엇인지 늘 객관적으로 파악하려 한다.

삶의 주체로 책임을 지는 사람은 독불장군이라기보다 늘 도움을 주려고 한다. 어디서든 일은 혼자만 하는 게 아니다. 가정에서도 마찬가지다. 그래서 주위 사람과의 관계에서도 책임감을 느끼고 도움을 주고받는 데 벽을 쌓지 않는다. 책임과 고집은 다르기 때문이다. 고집만 내세우는 사람은 남을 탓하고 자신만의 방식을 고수한다. 그리고 행동보다 참견과 간섭에 열중한다. 이런 사람은 책임을 지는 게 아니다.

좋은 일이든 나쁜 일이든 책임은 내가 진다. 그게 내 인생의 각본이다. 좋은 결과를 내도록 나쁜 일이 생길 여지를 미리 없애버려야 한다. 그래도 문제는 또 온다. 그게 인생이다.

7

{ 오래 사는 하루살이가 되지는 말자 }

●

10년 후 나는 어디에 서 있을까? 나는 잘 살고 있을까? 내 가족들은 어떻게 살까? 경제적으로는 어떨까? 지금 하는 일을 그때도 할까? 아니면 다른 일을 하고 있을까?

그런 그림을 그리는 사람과 그렇지 않은 사람의 10년 후는 아주 다를 것이다. 지금 그림을 그린다 해도 10년 후 그림처럼 된다는 보장은 없다. 그러나 지금 아무 생각 없이 살다 10년 후를 맞으면 적어도 그림을 그린 경우에 못 미친다는 것은 내가 보증

할 수 있다.

나는 매년 연말이면 향후 10년의 계획표를 작성한다. 거기에는 우리 가족 각자의 나이와 10년간 주요 행사 계획, 내 건강 수치, 현재의 재정 상태, 직장에서 승진 계획 또는 사업체 규모, 부동산 매각·취득 계획, 여행 계획, 교육·학습 계획, 사회봉사 활동 계획, 신앙생활 계획 등을 작성하고 기록한다. 그렇게 해온 지 30년이 넘었다. 물론 내가 얼마만큼의 돈을 모으리라 계획했다고 반드시 그 돈이 모인 건 아니다. 또 내가 언제 승진하고 싶다고 해서 꼭 그때 승진한 것도 아니다. 그러나 이렇게 30년을 살아오다 보니 시기의 차이는 있을지언정 얼추 다 이룬 것 같다. 만약 내가 그런 30년간의 계획과 실행이 없었더라면 지금의 내가 될 수 있었을까.

10년 후 어디에 가 있을까

이 책을 읽는 독자들을 위해 가정경영 10개년 계획 예시를 소개하겠다. 다음의 표는 나의 다른 책 『차라리 혼자 살 걸 그랬어』의 273쪽을 인용한 것이다. 이 표는 갓 결혼한 남편 K씨가 세운

신혼의 K씨가 세운 10년 계획표

	2017	2018	2019	2020	2021	2022	2023	2024	2025	2026
내 나이	37	38	39	결혼 5주년	41	42	43	44	결혼 10주년	46
아내 나이	33	34	35		37	38	39	40		42
직장·사업	과장 승진	부서 매출 증대	부서 매출 증대	차장 승진	신사업 구상	신사업 실행	신사업 실행	부장 승진	창업 준비	창업
예·적금 (만 원)	2,400 (월 200 만 원)	2,400	2,400	2,400	1,800 (예금목표 조정)	1,800	1,800	1,800	1,800	1,800
자녀 계획		첫째 출산		둘째 출산						
주거·부동산	전세 (1억 5천 만 원)									내집 마련
차량	소형 SUV									
교육 학습	중국어	프레젠테이션 스킬		리더십 과정						
여행	국내	국내	파타야	국내	국내	일본	국내	국내	유럽	국내
후원·봉사	해외원조 단체 후원	후원	후원	후원	후원	후원	후원	후원	가족과 방문봉사	방문 봉사

계획이다. 표 왼쪽의 항목은 각자 필요에 맞게 조정하면 된다.

위의 표를 보면 10년 동안 일, 가정, 휴식, 개인 활동 등 여러 분야에서 이룰 목표를 볼 수 있다. 이러한 목표 설정은 뚜렷한 동기부여를 제공한다.

10년 후 여러분은 어디에 가 있을까? 10년 각본도 그리지 않고 살아간다고? 한 치 앞도 모르는데, 당장 내일 일도 모르는데 무슨 10년 시나리오를 쓰냐고? 한 치 앞도 모르기 때문에 10년 각본을 써야 하는 것이다.

인생의 꿈을 가지라는 메시지는 많이 들었을 것이다. 10년 각본도 꿈에 관한 나의 상상과 목표를 짜는 것이다. 그런데 단지 꿈만 꾸어서는 이루어지지 않는다. 인생의 각본은 설계도와 같다. 막연히 얼마를 벌겠다거나 무엇이 되겠다가 아니다. 해마다 달성해야 할 구체적인 목표를 수립하면 실천이 뒤따르게 마련이다. 1년 단위로 생각을 하면 현실보다 높은 꿈을 꿀지라도 실행 가능한 목표치를 제시하게 된다. 쉽게 달성하는 것이라면 꿈이라 할 수 없다며 현실 불가능한 목표치를 내세웠다가 스스로 지쳐 포기하는 것은 어리석다.

각본을 써보면 현재의 내 상태가 보인다. 무엇이 부족한지, 무엇을 배워야 하는지, 무엇을 버려야 하는지, 무엇을 채워야 하는지 구체적인 생각을 하게 된다. 평소 생각지 않았던 것들을 생각하게 된다. 그러지 않으면 하루하루를 살 뿐이다. 오래 사는 하루살이가 될 뿐이다.

지금의 나는 10년 전 각본의 결과물이다

"우리는 앞으로 2년 뒤에 닥쳐올 변화에 대해서는 과대평가하지만 10년 뒤에 올 변화는 과소평가하는 경향이 있다. 그렇다고 스스로를 나태함으로 이끌지 마라."

빌 게이츠가 한 말이다. 10년 뒤를 가늠하지 못하기 때문에 과소평가하는 것이다. 그러나 10년 각본은 매년 달성해야 할 목표가 뚜렷하게 보인다. 그 목표를 달성했을 때 자신이 바뀌는 모습도 생생하게 그려볼 수 있다. 나태해지기는커녕 더욱 목표에 매진할 수밖에 없다.

만약 여러분이 지금 30대라면 40년의 각본이 필요하다. 40대라면 30년의 각본이, 50대라면 20년의 각본이, 60대라면 10년의 각본이 필요하다. 60대의 나이에도 각본이 필요하냐고? 당연히 필요하다. 지금은 100세 시대 아닌가. 60세의 나이에도 최소한 10년 이상의 활동이 있어야 한다.

오늘날 많은 은퇴자들이 우울하다. 수명이 길어져서 돈을 쓸 곳은 많은데 일이 없어 돈을 벌 수가 없기 때문이다. 나는 이 현상을 각본 부재 현상으로 본다. 내가 28년 다닌 회사를 나와 창업을 하고, 50대 중반의 나이에 첫 책과 60대에 두 번째 책을 내고, 방송에도 출연하고 다양한 활동을 하고 있을 때 은퇴했거나 곧 은퇴할 친구들 여럿이 나를 찾아왔다고 말한 바 있다. 나는 그들에게 말했다.

"오늘의 나는 너희들이 보는 지금의 내가 아니라 이미 10년 전에 세운 각본의 결과물이다. 지금부터라도 잘 준비하면 5년, 10년 뒤에는 보람찬 삶을 살 수 있을 것이다."

그러나 10년이 지난 지금 그들은 그때와 똑같다. 인생의 각본이 없기 때문이다.

8

{ 불가능에서 '불' 자만 지우면 가능이다 }

●

나는 나름대로 열심히 살았다고 자부한다. 직장에서도 승승장구했고 높은 연봉도 받아봤고 베스트셀러도 두 권 출간했고 종종 TV에도 얼굴을 비치곤 했다. 하지만 한 가지 불만이 있었다. 그건 바로 내 몸이었다. 20년 동안 몸무게가 75~80킬로그램을 왔다 갔다 했다. 매년 건강검진을 받는데 맨날 똑같은 지적을 받았다.

"복부 비만이니까 뱃살 빼세요."

이게 마음대로 안 됐다. 남들은 "뱃살은 인격이야!" "보기 좋네."라며 듣기 좋은 말을 했지만 나는 불만이었다. 환갑을 넘기면서 '이래서는 안 되겠다. 내 인생에 승부수를 한 번 띄우자.'라고 마음먹었다. 그래서 시작한 게 몸짱 프로젝트였다. 유능한 젊은 트레이너와 함께 2016년 2월 12일부터 7월 11일까지 딱 5개월간 진행했다. 5개월 동안 정말 죽기 살기로 운동을 했다. 매주 3회 개인 훈련을 받았고 혼자 운동하는 날도 주 2~3회, 그러니까 결국 주 5~6회 운동을 한 셈이다. '식7운3'이라고 식단 관리도 시작했다. 아침에는 샐러드와 고구마와 연어 구이, 점심에는 샐러드와 고구마와 닭가슴살 구이, 저녁에는 샐러드와 고구마와 쇠고기 구이였다. 5개월 동안 쌀밥 먹은 횟수는 열 끼도 채 안 된다. 당연히 술은 입에도 안 댔다.

어느 정도로 독하게 했냐면 2월부터 6월까지 땀복을 입고 뛰었다. 운동을 시작하고 3개월쯤 됐을까? 내가 진행하는 행사에 지인들이 우르르 몰려와서 끝나고 뒤풀이를 하게 됐다. 저녁 10시에 우걱우걱 안주를 먹고 있었다. 베이컨 숙주 볶음이 너무 맛있었다. 한 번, 두 번, 세 번 안주를 집어 먹고 있는데 나 스스로에게 '너 지금 뭐 하고 있니? 생각이 있는 거야? 그렇게 고생해서 몸 만들어 놓고 그걸 먹고 있어? 지금 그거 삼키면 계속 먹게 돼.

그러면 몸짱이고 뭐고 다 끝이야. 당장 뱉어.'라고 말하고 있는 게 아닌가. 소스라치게 놀라 그 자리에서 씹고 있던 안주를 뱉어 버렸다. 그 이후 아무것도 안 먹었다. 만약 그때 내 내면의 소리를 무시하고 계속 먹었더라면 정말 이 프로젝트는 실패로 끝났을 것이다.

불가능한 일과 힘든 일을 구분하라

5개월의 프로젝트가 끝나고 어떻게 변했을까? 체중은 78킬로그램에서 69킬로그램으로, 체지방은 24.4퍼센트에서 14.4퍼센트로, 허리는 35인치에서 32인치로 줄었다.

프로젝트 내내 체중 감량은 목표에도 없었다. 그냥 트레이너가 시키는 대로 운동했을 뿐이다. 그런데 내 몸에서 쇠고기 600그램짜리 15개가 빠져나간 것이다. 허리가 3인치가 주니 그전에 입던 옷을 다 버렸다. 옷을 다 새로 사야 했지만 기분은 날아갈 것 같았다. 오래 운동한 사람이 아니라서 울퉁불퉁한 몸짱은 아니지만 옷을 입으면 보기 좋을 정도로 예쁜 몸으로 변했다.

내가 이걸 했다고 하니까 많은 사람이 어떻게 그걸 했느냐며 그건 불가능하다고 말한다. 과연 불가능할까? 그건 불가능한 게 아니라 힘든 일일 뿐이다. 사람들은 '불가능한 일'과 '힘든 일'을 구분할 줄 모른다. 불가능한 일은 누가 하든 아무리 해도 안 되는 일이다. 힘든 일은 힘들어서 그렇지 누구나 하면 할 수 있는 일이다. 불가능이 아니라 가능이다.

사실 몸짱 프로젝트를 시작하기 전 수십 년 동안 내 몸이 이렇게 변하리라고는 한 번도 생각지 못했다. 난 안 되는 몸인 줄 알았다. 몸짱은 먼 나라 이야기라고 생각했다. 그런데 나도 해보니까 되더라. 이래서 또 하나의 신세계를 경험했다.

그 일은 불가능한 게 아니라 힘들 뿐이다

"무엇을 꿈꿀 수 있다면 그것을 실행하는 것 역시 가능하다."

지금의 디즈니 제국을 세운 월트 디즈니Walt Disney가 한 말이다. 그는 가난한 집안에서 태어났다. 먹고살기 위해 궂은일을 마다하지 않았던 그의 유일한 즐거움은 석탄 조각으로 땅바닥에 그림을 그리는 것이었다고 한다. 그는 나중에 성년이 돼 광고대행사에 들어갔다. 그때도 만화에 관심을 놓지 않았다. 당시 작업실을 들락거리는 생쥐는 그 유명한 미키마우스의 모티프가 됐다.

월트 디즈니가 땅바닥에 그림을 그리면서 그저 상상만 했다면 오늘날의 디즈니월드는 볼 수 없었을지도 모른다. 그는 자신의 꿈을 위해 열심히 펜을 쥐고 그림을 그렸다. 그리고 새로운 캐릭터를 만들어내는 희열을 느낄 수 있었다. 그 희열이 그에게는 새로운 세계를 열어다 준 기폭제가 됐던 게 아닐까. 그 희열 덕분에 디즈니 제국이 탄생한 것이다.

오늘날을 지식 기반의 정보 사회라고 한다. 이 말의 의미는 기존의 지식을 기반으로 해 새로운 가치와 지식을 창조한다는 것이다. 이것을 이루는 사람이 리더가 되고 변화와 혁신의 주체로 인정받는다. 월트 디즈니도 그런 사람이었다. 그가 만화를 그리기 이전에도 만화는 있었다. 애니메이션도 존재했다. 그렇지만 그는 새로운 캐릭터와 세계를 창조했다. 가진 게 없고 주류와도 거리가 멀었던 월트 디즈니에게 지금의 디즈니 제국은 불가능한 꿈으로 보였을지도 모른다. 그러나 그는 가능과 불가능을 저울질하기보다 힘들어도 자신만의 제국을 만드는 데 집중했다.

금수저로 태어난 게 아니라 입지전적으로 성공한 사람들은 불가능의 장벽을 무수히 만날 수밖에 없다. 가진 게 없이 시작했으니 뭐라도 만만하게 이룰 수 있는 게 없다. 그런 장벽에 부딪힐

때마다 좌절했다면 그들의 머릿속에는 불가능이라는 단어만 남아 있었을 것이다. 하지만 그들은 달랐다. 불가능에서 한 글자를 지워 가능으로 만들었다.

성공할 것이라는 기대는 앞에서 말한 10년짜리 각본으로 구체적인 달성 목표로 바뀐다. 그 기대는 어느덧 확신으로 바뀌고 확신은 반드시 그렇게 되리라는 믿음으로 발전한다. 그러니 불가능하다고 생각하지 않고 단지 좀 힘들다고 생각할 뿐이다. 힘든 것은 감내와 도전으로 뛰어넘을 수 있다. 내가 음식을 먹다가 뱉어버리면서까지 그 힘든 운동을 반년 가까이 해낸 것도 불가능에 도전한 것이 아니라 그저 힘든 것을 참아낸 것일 뿐이다. 만약에 불가능한 것으로만 생각했다면 일찌감치 포기한다고 두 손을 들지 않았을까.

신세계는 머리로 안다고 경험할 수 있는 게 아니다. 머리로 아는 것과 가슴으로 알고 몸으로 기억하는 건 다르다. 운동을 해야 한다는 것은 누구나 안다. 그러나 그 참맛을 모르면 절대로 운동을 안 하게 된다. 몸으로 직접 부딪치고 경험해야 알 수 있는 게 신세계다. 운동의 묘미를 모를 때는 참 귀찮고 하기 싫지만 그 맛을 알고 나면 하지 말라고 해도 한다. 프로젝트가 끝난 지 5년이 넘었지만 나는 지금도 운동을 생활화하고 있다.

9

{ 신세계를 찾아 떠나자 }

●

 내가 경험해보지 않은 것들에서는 어떤 배움도 얻을 수 없다. 두통, 치통, 생리통! 하면 뭐가 떠오르는가? 게보린? 남성들이 여성의 생리통, 출산통을 경험할 수 있을까? 경험하지 않았는데 어찌 그 고통에 공감할 수 있겠는가.
 우리는 짧지 않은 인생을 살면서 맨날 하던 행동만 계속하다가 죽는다. 그래서 신세계를 만나지 못한다. 김우중 회장의 "세상은 넓고 할 일은 많다."라는 명언이 떠오른다. 내가 마음만 먹는다면 우리는 정말 많은 신세계를 경험할 수 있다. 신세계가 뭔가? 내가 이전까지 몰랐던 세상을 처음으로 만나고 경험하는 것이다.

맨날 하던 행동만 하면 신세계를 보지 못한다

나는 1970년대 말에 직장 생활을 시작했다. 그 당시 외국과의 주요 통신 수단은 국제우편이나 국제전화였다. 그것보다 간편한 게 텔렉스였다. 외국 기업들이나 해외 지점과 교신을 하면서 텔렉스가 시끄러운 소리를 내는 것을 들어야 했다. 그 흔한 팩스도 없었다. 노트북이나 데스크톱은 물론 없었고 수동 타자기를 이용해 글을 썼다. 이후 전동 타자기가 나왔다. 그것도 80명이 일하는 부서에 한 대밖에 없었는데 부장님의 비서가 주로 이용했다. 내가 그걸 쓰려면 점심시간에 쓰거나 비서한테 아양을 떨어 짧은 시간 이용할 수 있었다. 인쇄기는 푸른색 글자가 인쇄되는 등사기를 썼다. 밀레니얼 세대인 우리 애들에게 그 얘기를 들려줬더니 무척 신기해했다. 상상이 안 갈 것이다.

지금은 어떤가? 이메일로 소통하고 온라인 저장공간인 클라우드에 공유해 공동 작업을 하고 수천 명이 동시에 화상 회의를 할 수 있다. 지금 이 글은 손으로 쓰는 게 아니라 구글 문서의 녹음 기능을 이용해 쓰고 있다. 조만간 자율주행차를 탈 수도 있을 것 같다. 세상이 이렇게 변했다. 나는 어떻게 변했는가. 아니, 변하기는 했는가. 40여 년 동안 나는 참 많은 신세계를 경험했다.

연이어 신세계를 보는 인생을 만들어가자

28년 직장 생활을 하는 동안 직장은 내 인생의 전부였다. 한 회사에서만 24년을 헌신했으니 회사가 나를 책임질 줄 알았다. 그러나 그것은 내 착각이었다. 2006년 퇴직을 하자 새로운 세상이 열렸다. 아니, 새로운 세상을 열어보기로 했다.

2009년 아들이 내게 스마트폰을 선물했다. 나는 그걸 들고 매주 수요일 새벽 강남역 스마트 워크 그룹에 나가기 시작했다. 6개월간 꾸준히 출석했다. 그곳은 정말 신세계였다. 20, 30대의 젊은 이들이 펄펄 날고 있었다. 내가 얼마나 우물 안 개구리였던가를 깨달았던 순간이다. 정말 많은 것을 배웠다. 세상은 넓고 할 일은 많다는 것을 깨달았다. 그때 이후로 꾸준히 스마트폰에 관한 공부를 계속해왔다. 지금은 혼자서 스마트폰 하나로 글을 쓰고 사진과 영상을 찍고 편집해 유튜브에 올린다. 스마트폰은 일하는 사람에게 주는 신의 선물이다. 최첨단 무기다.

"모든 것은 항상 시작이 가장 좋다."

블레즈 파스칼Blaise Pascal이 한 말이다. 나이와 때를 가리지 말고 신세계를 만나려면 어떻게든 새로운 시도를 해봐야 한다. 사람들은 누구나 지금의 처지보다 더 나은 상황을 꿈꾼다. 그러나 새로운 시도는 주저한다. 신세계보다 신기루의 환상만을 품는 것이다. 각본을 짜는 것은 신세계를 만나기 위한 길을 찾는 것과 같다.

한번 신세계를 만나면 또 다른 신세계가 기다리고 있다. 목표를 달성해 성취감을 느꼈기 때문에 또다시 신세계를 만나러 일을 도모하게 마련이다. 나 또한 연이은 신세계를 만나 인생을 꾸려가고 있다. 위 사례 외에도 내가 만난 신세계를 정리해보니 대충 이렇다.

내 인생의 10대 사건

1. 38세에 금연을 결심하고 실천한 것(담배를 피울 때는 담배 피우는 즐거움밖에 몰랐지만 담배를 끊고 나니 즐거움이 100가지

로 다양해졌다.)
2. 다른 여자가 아니라 지금의 아내를 만난 것(가끔 미울 때도 있다.)
3. 신앙생활을 하게 된 것
4. 세 권의 책을 출간한 것
5. 52세에 직장 생활을 끝내고 창업한 것
6. 60세에 몸짱에 도전한 것
7. 가정행복코치로 변신해 전국구 강사가 된 것
8. 각종 방송에 출연한 것
9. 2011년 행복한 아버지들의 모임, 2015년 둘이하나데이를 만들어 100회를 계속한 것
10. 현대자동차 사진전 부부 모델이 된 것

신세계를 만난 사람들은 목표를 정한 후부터 놀라운 집중력을 보여준다. 새로운 신세계를 만나기 위해 과정에 집중하기 때문이다. 그들은 목표만 떠올리는 것으로는 신세계에 닿지 못한다는 것을 잘 안다. 오히려 목표에 다다르기 위해 오늘 무엇을 할지 집중한다. 가끔 신세계로 가는 길을 잃은 듯할 때 목표를 떠올리며 방향을 잡는다.

집중과 몰입은 신세계로 가는 동력이다. 그런데 항상 집중과 몰입의 상태를 유지하는 게 쉽지 않다. 헬스클럽에서 운동을 하다가도 먹을 것을 참지 못하던 순간처럼 포기의 유혹은 늘 도사린다. 그때마다 각오와 결의를 다진다고 유혹을 넘길 수는 없다. 그보다 자신이 지금까지 해온 것에 대해 인정과 칭찬을 하는 게 좋다. 작은 칭찬과 인정이 신세계로 향한 발걸음을 내딛게 한다.

스스로에게 칭찬하는 게 어색할지도 모른다. 어쩌면 칭찬이 지나쳐 오만으로 치우칠 수도 있다. 하지만 칭찬으로 몰입과 집중을 하는 사람은 칭찬의 분위기에만 빠져 있지 않다. 곧바로 신세계로 향해 가야 하는 여정을 시작한다. 한번 맛본 신세계는 이처럼 인생의 여정을 신나고 의미 있게 만들어주는 사건이다.

당신은 어떤 신세계를 만났는가?

10

{ 인생에 정면으로 맞서 싸워보자 }

●

　사람들은 '도전'이라고 하면 엄청난 걸 떠올린다. 엄홍길 대장처럼 히말라야를 정복하고, 김연아처럼 올림픽에서 금메달을 따거나, 박세리처럼 프로골프 대회에서 우승하거나, 손흥민처럼 세계적인 축구 선수가 되는 걸 연상한다. 그건 비유적인 표현일 뿐이고 원래 도전의 사전적인 의미는 '정면으로 맞서 싸움을 건다.' 라는 뜻이다. 평소 하지 않던 일을 시도하거나 힘든 일이지만 해보겠다고 마음먹는 것을 의미한다.

간절히 원하면 온 우주가 도와준다

"인내심을 실천할 수 있는 유일한 경우는 어떤 때일까? 당연히 정말로 하고 싶지 않을 때이다. 용기를 실천할 수 있는 유일한 경우가 진정한 두려움이 존재할 때인 것과 마찬가지다."

경영 컨설턴트이자 교사로도 재직했던 케이반 키안Kayvan Kian의 『젊은 리더들을 위한 철학 수업』에 나오는 말이다. '인내심'에 대한 기막힌 정의다. 인내심이나 도전은 거창한 뭔가를 하는 게 아니라 하기 싫다는 마음을 참거나 일상에서 마음먹은 것을 시도하는 것이다. 줄담배를 피우던 사람이 담배를 끊거나 허구한 날 지각하던 사람이 시간 약속을 잘 지키고 놀기만 하던 학생이 공부에 집중하고 배둘레햄을 자랑하던 사람이 운동을 시작하는 것. 그것이 도전이다.

행사에서 사회자가 경품 추첨을 진행하면 같은 테이블에 앉은 사람들이 이런 말을 하는 것을 들을 때가 있다. "난 한 번도 이런 거 당첨된 적이 없어." 그런 사람들에게 사회자는 농담처럼 이렇게 말한다. "'난 한 번도 이런 거 당첨된 적이 없어.' 이런 분 손 들어보세요." 그들이 손을 들면 사회자가 다시 말한다. "그런 분들은 오늘도 안 돼요. 기대하지 마세요." 맞다. 그걸 우주의 기운이라고 한다.

그러면 나는 이렇게 얘기한다. "난 이런 거 당첨 잘되더라." 실제로 나는 당첨된 적이 여러 번 있다. 라디오 프로그램에 사연을 응모해 소개된 적도 있다. 왜 당첨이 잘될까? 여러 번 응모하기 때문이다. 한두 번 응모한다고 덜컥 당첨되는 경우는 많지 않다. 열 번, 스무 번 응모하면 그중 한두 번은 당첨되기도 한다. 확률 게임이다. 해보지도 않고 '난 안 돼.'라고 생각하니 안 되는 거다.

이건 미신이 아니다 일종의 자기 예언이다. "하늘은 스스로 돕는 자를 돕는다."라는 말도 있지 않은가. 브라질 출신 베스트셀러 작가인 파울로 코엘료Paulo Coelho의 대표작 『연금술사』에는 "자네가 무언가를 간절히 원할 때 온 우주는 자네의 소망이 실현되도록 도와준다네God helps those who help themselves."라는 말이 나온다. 우주의 기운이 나를 돕기 위해 몰려온다.

도전, 그냥 한번 해보는 것이다

도전이란 오랜 기간에 걸쳐 지속적인 연습을 통해 한 분야의 대가가 되는 것을 일컫는다. 하지만 어느 순간 충동적으로 시도

해본 것이 좋은 결과로 이어지는 경우도 있다. 나는 그렇게 해서 유명 자동차 회사의 사진전 모델이 된 경험이 있다. 2014년 11월쯤으로 기억된다. 아내와 함께 나주에 있는 기업체 강연에 갔다가 돌아오는 길에 순천만 갈대숲에 들렀다. 평일인지라 사람도 거의 없어서 갈대숲 길 한가운데 차를 세워두고 나와 아내가 한껏 폼을 잡았다. 그 사진으로 현대자동차가 기획한 사진전에 응모했다.

처음에 응모한다고 했을 때 아내가 한 말이 생각난다.

"아이고, 이게 되겠어? 괜히 시간 낭비하지 마."

"나 이런 거 잘되는 거 알잖아. 두고 봐. 되나 안 되나."

나와 아내 이름으로 각각 응모했는데 아내 이름으로 덜커덕 당첨됐다. 다른 응모자들은 개인 혹은 가족, 단체로 응모했는데 나는 일부러 부부 콘셉트로 응모했다. 그게 주효했던 것 같다. 졸지에 부부 모델이 돼 유명 사진작가와 함께 이틀에 걸쳐 촬영을 했다. 2015년 1월 영종도 매립지 사막에서 석양을 배경으로 클래식 연주자들과 함께 부부가 왈츠를 추는 장면을 촬영을 하는 콘셉트였다. 촬영 첫날 내 차가 뻘에 빠지는 바람에 견인차를 부르는 소동이 일어나 촬영에 실패했다. 둘째 날은 날씨가 상당히 추웠는데 나는 턱시도를 입고 아내는 얇은 실크 드레스만 걸치고 촬영을 진행했다. 너무너무 추웠다. 중간중간 몸을 녹여 가면서 촬영을 진행했고 드디어 최고의 인생 샷이 탄생했다. 내 사진은 다른 사진들과 함께 2015년 1월 말에 동대문 디자인플라자에서 열린 현대자동차 '브릴리언트 메모리즈brilliant memories'에 전시돼 많은 사람의 호평을 받았다. 당시 사진작가의 말을 들어보자. 서대호 작가는 토크 콘서트에서 이렇게 말했다.

"황량한 사막 위 낙조를 배경으로 중년 부부의 아름답고 행복한 모습을 담고 싶었다. 젊은 시절 갈등과 고난이 무수히 있었겠지만 다 이겨내고 원숙한 부부로서 조화로운 삶을 살고 있는 모습을 커플의 환상 호흡이 꼭 필요한 왈츠를 통해 담아내려 했다. 첫날 촬영 중 모델 차량이 뻘에 빠져 촬영을 포기해야 하는 황당한 사건이 일어났다. 그럼에도 시종 미소를 잃지 않는 두 분의 모습을 통해 다시 한번 성숙함이 어떤 건지 깨닫게 됐다. 두 번째 촬영에서도 날씨가 무척 추웠는데 멋지게 소화해내신 두 분께 감사드린다."

도전, 별거 아니다. 그냥 한번 해보는 거다. 잘되면 좋고 아니면 말고다. 일단 시도해야 기회가 주어진다. 로또를 사야 당첨될 기회가 있는 거다. 책을 써야 베스트셀러 작가도 될 수 있다. 꼭 베스트셀러가 아니면 어떤가. 내가 몸짱 아재가 된 것도 도전 스토리다. 평소 운동에 관심은 있었지만 우연히 젊은 트레이너를 만나 '한번 해볼까?' 하고 시작한 것이 좋은 결과로 이어졌다.

비결? 특별한 비결은 없다. 그냥 하는 거다. 되리라고 믿고 그냥 하는 거다. 방송작가 론다 번Rhonda Byrne의 세계적인 베스트셀러 『시크릿』 서문에서 그 비결을 이렇게 말했다. "비밀이란 '끌어당김의 법칙law of attraction'을 말한다. 당신의 인생에 나타나는 모든 현상은 당신이 끌어당긴 것이다. 당신이 마음에 그린 그림과 생각이 그것들을 끌어당겼다는 뜻이다. 마음에 어떤 생각이 일어나든지 바로 그것이 당신에게 끌려오게 된다."

론다 번의 말은 신비로운 주문이 아니다. 내가 그림을 그리고 생각을 하면 실행으로 이어질 수밖에 없다. 마음에 어떤 생각을 한다는 것은 도전을 마음먹는 것이다. 일단 마음먹었으면 저질러라. 그래야 이루어진다.

3장
후회 없는 인생의 각본을 써라

기회를 붙잡는 사람은 십중팔구 성공한다. 실패를 극복해서 자신의 무기로 삼는 사람은 반드시 성공한다.
−데일 카네기

에피소드

$\{$ 다 때려치우고 싶을 때 $\}$

●

　신나리 부장은 첫 직장을 대기업에서 시작해 4년간 경력을 쌓은 후 중소기업으로 이직했다. 처음부터 이직이 순탄했던 것은 아니었다. 신 부장(당시에는 대리였다)이 이직한다고 하자 아내의 반대가 심했다. 결혼한 지 6개월 만에 굴지의 대기업에서 이름도 들어보지 못한 중소기업으로 옮긴다니까 "결혼하기 전에 옮기지. 그러면 결혼 안 했을 텐데. 결혼하자마자 옮기는 게 어디 있어? 이거 사기 결혼이다." 하며 필사적으로 반대했다.

'아니, 이 여자가 나를 좋아한 거야, 대기업을 좋아한 거야?'

어쨌거나 신 부장은 회사를 옮겼고 회사를 옮긴 다음에 정말 죽기 살기로 일했다. 그때는 일하는 게 그렇게 재미있었다. 당시는 토요일도 근무할 때였는데 이직 후 3년 동안 일요일에 쉬어본 기억이 6개월도 안 된다. 회사는 매년 50퍼센트 이상 성장했다. 3년마다 마치 정해진 것처럼 승진하고 3년마다 차를 바꾸고 5년마다 큰 집으로 이사를 갔다. 입사 10년 만에 부장이 됐다. 이제 인생에 꽃길만 열리나 보다 하고 생각했다.

꽃길이 열리나 보다 할 때 가시밭길이 열린다

그러다 어느 날 S대를 나온 대기업 출신의 K 이사가 낙하산으로 직속 상사로 들어왔다. 신 부장의 심정은 참담했다. '내가 이 회사를 위해 어떻게 일했는데······.' 그는 사장도 S대 출신이라 자신의 후배라고 중책을 맡기는 게 부당하다고 생각했다. K 이사가 일하는 스타일도 마음에 들지 않았다. 그는 경리 출신이라 그런지 온종일 계산기만 두드렸다. 계산기를 두드릴 필요가 없는 직원과의 면담에서도 습관적으로 계산기를 두드렸다. 일종의

'턱'인 듯했다. 그는 한두 장이면 될 보고서를 여러 장으로 늘리는 데 천재였다. 그가 온 이후 직원들의 보고서 작성 시간이 서너 배로 늘었다. 한마디로 비생산적이고 비효율적이었다. 그리고 부하 직원이 결재 서류를 올리면 며칠씩 깔고 뭉갰다. 도대체 의사결정을 하는 게 없었다. 그러다 막판에 사인을 해서 패스하는 게 루틴이었다. 중소기업의 장점이 신속한 의사결정과 집행인데 그로 인해 업무 추진 속도가 훨씬 느려졌다.

신 부장과 K 이사는 사사건건 부딪쳤다. 신 부장은 그에게 여러 차례 개선을 아니 개악改惡을 중지할 것을 요구했다. K 이사는 부하 직원인 신 부장이 고분고분하지 않은 것을 괘씸하게 여겼다. 그러나 K 이사는 대놓고 말하지도 못하는 성격이었다.

결국은 K 이사와의 파워 게임에서 밀려서 신 부장은 좌천되는 아픔을 겪었다. 회사는 총무부장을 하던 그에게 대전 영업소장 발령을 냈다. 대전은 신 부장이 엔지니어도 아니고 영업을 하던 사람도 아니고 연고가 있는 것도 아니어서 완전 '3무 지역'이었다. 신 부장은 대학교 2학년 때인가 미팅을 하러 대전에 한 번 가본 기억이 다였다.

'아니, 어떻게 회사가 나한테 이럴 수 있어? 이거 나가라는 얘긴가?'

신 부장은 별생각이 다 들었다. 홧김에 '회사를 확 때려치울까?' 하는 마음도 여러 번 들었다. 이건 '대응적 반응'이다. 그는 곰곰이 생각했다. '그래, 이게 내게 또 하나의 기회일 수 있겠다. 제대로 한번 해보자.'라고 마음먹었다. 그날 이후 그는 적극적인 태도로 한사코 반대하는 가족들을 설득했다. 결심이 서자 아내한테 같이 내려가자고 했다.

이번에도 아내가 펄쩍 뛰었다. 그래서 "당신이 같이 안 가면 내가 마음을 못 잡고 서울을 왔다 갔다 하면 제대로 일을 못 한다. 안정적으로 일할 수 있게 당신이 도와 달라." 하고 부탁했다. 하지만 아내는 막무가내였다. 사흘을 설득했지만 도저히 설득이 안 되자 그는 억지를 부렸다.

"당신이 같이 안 가면 나 혼자 내려가서 셋이 올라올 수도 있다. 그때 나한테 뭐라 그러지 마라."

어쩔 수 없이 아내가 울면서 따라 내려왔다. 그는 가족 모두를 데리고 대전으로 가는 배수진을 쳤다. '주도적 반응'을 한 것이다. 본사 경영진도 깜짝 놀라는 눈치였다.

그때 세종에 행정수도가 생길 때였기 때문에 일이 많았다. 신 부장은 정말 열심히 일했다. 3무 지역에 처음 내려간 사람이 9개월 만에 목표 달성을 다 해버렸다. 기대 이상의 성과를 거둔 신 부장에게 본사에서 다시 서울로 올라오라고 했다. 그는 "아니, 발령 난 지 열 달 만에 또 무슨 인사발령입니까. 이제 좀 할 만한데. 못 갑니다." 하고 항명을 했다. 결국은 6개월을 버티다 서울로 다시 올라왔다.

다시 한번 해보면 새로운 길이 열린다

새로운 환경이 주어질 때 두려울 수 있다. 더군다나 상황에 떠밀려서 원치 않는 환경에 처할 때 싫고 두려울 수 있다. 지식도, 경험도, 준비도 안 돼 있으니 두려운 게 당연한 거다. 그런데 누가 스스로 좌천 발령을 낼 수 있는가? 그런 사람은 없다. 그는 밀려서 좌천됐지만 새로운 환경에 배수진을 치고 한번 해보자 하고 도전하니까 새로운 길이 열렸다. 어떤 환경이 주어지든 내가 어떻게 대응하느냐에 따라 일하는 방식이 달라진다. 결국은 환경과 여건이 아니다. 내가 그 상황을 어떻게 보느냐, 어떻게 일하느냐에 따라 승패가 갈린다.

결과적으로 신 부장은 금의환향했고 K 이사는 몇 년을 버티지 못하고 퇴사했다. 그는 서울로 올라와 영업본부장을 맡았다. 영업의 'ㅇ' 자도 모르던 사람이 불과 1년 반 만에 영업인으로 우뚝 선 것이다. 만약 그때 K 이사가 낙하산으로 들어오지 않고 신 부장이 계속 그 자리에 있었더라면, 또 K 이사와 계속 근무했다면 어땠을까? 아마도 신 부장은 교만과 무사안일주의로 살아갔거나 그와의 갈등을 못 이기고 먼저 퇴사했을지도 모를 일이다.

살아가다 보면 삶이 순탄치 않을 때가 있다. 내가 의도한 것과는 다르게 상황이 펼쳐질 때가 있다. 내 선택이 잘못된 결과로 이어질 때도 있고, 내가 선택한 것도 아닌데 어쩔 수 없이 원치 않는 환경에 내몰릴 수도 있다. 그럴 때 사람들은 좌절한다. 자신의 신세를 한탄하거나 지금의 상황을 만든 사람 또는 사건을 원망한다. 그래서 자신을 괴롭히거나 다른 사람이나 대상에게 화풀이한다. 그런다고 상황이 나아지지 않는다. 아니, 더 나빠질 뿐이다. 많은 경우 부정적 환경에서 부정적 의사결정과 행동을 했을 때 상황이 호전되는 일은 없다.

인생을 길게 보자. 꽃길이 열리나 보다고 생각할 때 가시밭길이 펼쳐지기도 한다. 위기라고 생각될 때 그때가 기회일 수도 있다.

1
{ 철저한 준비가 성공의 열쇠다 }

●

"한국 기자들에게 질문권을 하나 드리고 싶군요. 정말 훌륭한 개최국 역할을 해주셨으니까요. 누구 없나요?"

2010년 9월 G20 서울 정상회의 폐막식에서 미국의 버락 오바마Barack Obama 대통령이 폐막 연설 직후 한국 기자들에게 질문을 받겠다고 하는 장면이 있었다. 오바마의 두 차례 요청에도 한국 기자들이 손을 들지 않자 중국 기자가 손을 들며 이렇게 말했다.

"실망하게 해드려서 죄송하지만 저는 중국 기자입니다. 제가 아시아를 대표해서 질문을 던져도 될까요?"

그러나 오바마는 재차 한국 기자에게 기회를 주었다.

"하지만 공정하게 말해서 저는 한국 기자에게 질문을 요청했어요. 그래서 제 생각에는……."

중국 기자가 다시 오바마의 말을 자르면서 "한국 기자들에게 제가 대신 질문해도 되는지 물어보면 어떨까요?"라고 물었다. 오바마가 "그건 한국 기자들이 질문하고 싶은지에 따라 결정됩니다."라고 말하면서 "아무도 없나요?" 하고 두 차례 물었다. 잠깐 정적이 흘렀다. 오바마는 난감한 듯 웃고 결국 질문권은 중국 기자에게 돌아갔다.

이 뉴스를 보고 무척 놀랐다. 그 자리가 보통 자리인가. 그 자리만큼 자신을 돋보일 기회가 또 있을까. 미국 대통령의 기자회견에 참석할 기자라면 최소한 자기가 질문할 내용을 미리 준비해야 하는 것 아닌가. 그런데 한국 기자들은 아무도 손을 들지 않았다. 아무도 준비를 안 했다는 말이다. 그럼 뭐 하러 기자회견장에 갔나? 다른 기자의 말을 받아쓰려고? 기자라서 가야 하니까?

그에 비해 중국 기자는 기다렸다는 듯이 자신의 이름을 말하며 손을 들었다. 오바마가 제지하는데도 그는 다시 손을 들고 기어코 발언권을 얻었다. 그는 준비된 사람이었다. 모르긴 몰라도 그날 이후 그 기자는 중국에 돌아가서 대환영을 받았으리라고 짐작한다.

나는 어떤 모임을 가든 미리 할 말을 준비해 간다. 사적 모임이든 공적 모임이든 시간$_{time}$, 장소$_{place}$, 상황$_{occasion}$에 맞춰 멘트나 건배사를 준비한다. 분위기에 안 맞는 멘트를 해서도 안 되고, 할 말을 못 해도, 또 중언부언해도 안 된다. 많은 분들이 모임에서 말할 기회가 주어지면 "준비를 안 했는데……." "저는 원래 말을 잘 못해서……."라며 우물쭈물하거나 쓸데없는 얘기를 중언부언하다 내려온다.

CEO들도 다르지 않다. 준비된 멘트를 간결하게 잘 말하는 사람도 있지만 많은 분이 "시간이 없어 길게 말씀 못 드리지만……."이라고 하며 시간을 끈다. 핵심 내용을 짧고 소신 있게 말하고 내려와야 한다. 그게 여러 참석자에 대한 배려다.

준비하지 않은 상태에서 경기하면 필패한다

혹시 전문 투자자가 아닌데 당신이 잘 모르는 분야에 투자를 제안받은 적이 있는가? 그 사업계획서를 들여다보면 누가 봐도 대박이 날 것처럼 보인다. 제안자의 장밋빛 제안의 가치를 절반으로 낮춰도 사업성이 있는 것으로 판단된다. 그만큼 모든 사업계획서는 화려하다. 제안자의 입장에서 본 것이기 때문이다. 그래서 투자하면 어떤 결과가 나올까? 내 경험으로는 95퍼센트는 실패한다. 그런 경험이 한두 번이 아니다. 그래서 나도 수억 원을 날렸다. 왜 그럴까? 충분한 검토와 학습을 하지 않았기 때문이다. 그런 사업계획서가 성공한다면 왜 신규 창업자의 실패율이 그렇게 높을까. 아무리 화려한 사업계획서라도 그것이 전문 투자자가 아니라 당신 손에 들어왔을 때는 전문가들이 쓰레기통에 던진 후다.

온갖 미사여구와 약속으로만 풍요로운 말잔치를 벌이는 것을 경계해야 한다. 그보다 자신이 세운 목표를 달성할 수 있는 준비에 매달려야 한다. 1만 시간의 법칙도 결국은 준비에 관한 이야기다. 1만 시간의 연습을 하려면 적어도 하루 세 시간씩 연습하는 것을 10년 넘게 해야 도달할 수 있는 수치다. 링컨도 철저한 준비가 성공의 열쇠임을 진작부터 알고 있었다. 그는 나무를 베기 위해서 주어진 시간이 한 시간이라면 우선 도끼를 가는 데 45분을 쓸 것이라고 했다. 아무리 천하장사라 해도 무딘 도끼날로는 나무를 벨 수 없다.

허장성세(虛張聲勢). 빈 수레가 요란한 법이다. 무슨 일을 할 때마다 허풍과 위선을 떨고 준비보다 아직 이루어지지 않은 일에 관한 과시만 하는 사람이 있다. 이런 사람이야말로 우리가 흔히 말하는 사기꾼인 셈이다. 소란스럽게 일을 벌이는 것보다 차분하게 일을 진행할 수 있는 준비가 돼야 한다. 그래야 위기 때도 당황하지 않고 반전의 계기를 마련할 수 있다.

지난 시즌에 우승했다고 이번에도 우승하지 않는다

프로야구 선수는 뛰어난 슈퍼스타라고 해도 매년 겨울과 스프링 캠프 때 흘린 땀의 결과만 믿는다고 한다. 지난 시즌에 우승했다고 해서 저절로 이번 시즌에도 우승을 거둔다고 생각하는 사람은 아무도 없다. 승리의 기쁨은 잠시고 또다시 땀을 흘리며 시즌을 준비한다.

국민 타자라고 불리는 이승엽 선수도 현역 때 천재성에 의지하지 않고 누구에게도 뒤처지지 않는 훈련과 경기 준비로 시합을 했다고 한다. 뜻하는 대로 타격이 이루어지지 않으면 타격 폼을 바꿔보기도 하고 수천 번 스윙 연습을 했다. 지난 2008년 베이징 올림픽 때 극도로 부진했던 그를 감독이 출전 명단에서 빼지 않았던 이유다. 이승엽 선수는 저조한 성적에 스트레스를 받았지만 준비를 게을리하지 않았다. 그리고 운명의 준결승전에서 일본을 상대로 홈런을 날리며 시합을 승리로 이끌었다. 준비를 철저히 했기 때문에 시합이 풀리지 않는다고 우왕좌왕하지 않았던 것이다. 극심한 스트레스를 이겨내고 결정적인 순간에 한 방을 날렸다.

준비하지 않은 일에는 달려들지 마라. 새로운 일을 시작하려면 그 분야에 관한 책을 최소한 50권 읽어라. 그리고 동종 사업을 하고 있는 사람을 최소한 10명을 만나라. 그리고 판단하라. 그래야 실패하지 않는다. 내가 "성공한다."라고 말하지 않는다는 사실을 주목하라. "실패하지 않는다."라는 말은 "겨우 본전 찾을 정도다."라는 말이다.

사실 성공한다는 게 그 기준이 낮다면 모를까 쉽지 않은 일이다. 겨우 본전을 찾을 정도로 일의 성과를 얻는 게 대부분이다. 이런 기대치를 갖고 준비를 하는 게 좋다. 괜한 욕심으로 부풀어진 기대는 결과에 대한 실망을 불러일으킬 때가 많다. 그다음을 준비하는 데 방해가 된다. 기대가 컸던 만큼 실망도 컸을 테니 또다시 뭔가를 할 동력을 잃고 만다.

"인생에 있어 세 번의 기회가 온다. 그러나 준비된 사람에게는 하루에도 세 번의 기회가 찾아올 것이다."

데일 카네기Dale Carnegie가 한 말이다. 그는 준비된 사람에게 필요한 것은 자신 앞에 지나가는 기회를 한눈에 알아보고 꽉 잡을 수 있는 용기라고도 했다.

위대한 지휘자로 이름을 날렸던 아르투로 토스카니니Arturo Toscanini는 처음부터 지휘자로 무대에 선 게 아니다. 그는 원래 첼리스트였다. 그런데 그에게는 치명적인 신체적 결함이 있었다. 그는 근시가 심해서 악보를 제대로 볼 수 없었다. 그는 이 결함을 극복하려고 매번 연주 때마다 악보를 통째로 외워서 연주했다. 어느 날, 오페라 공연을 하는데 청중들이 공연이 마음에 들지 않는지 온갖 야유를 퍼붓는 바람에 공연이 중단되고 말았다. 당시 지휘자는 계속 공연을 지휘할 수 없게 됐다. 그때 오케스트라 단원과 가수들은 토스카니니를 대리 지휘자로 내세웠다. 단원 중에서 곡을 전부 외우고 있던 사람은 오직 그뿐이었기 때문이다. 그 순간이 위대한 지휘자가 탄생하는 순간이었다. 토스카니니는 연주를 제대로 하기 위한 준비를 철저히 했고 그 준비가 새로운 기회를 잡는 데 커다란 역할을 했다.

준비야말로 기회를 잡는 데 가장 필요한 자산이다. 준비되지 않은 자는 작은 기회조차 알아보지 못하고 늘 놓치고 만다. 기회는 모든 사람에게 동등하게 찾아온다. 기회는 우연이라는 가면을 쓰고 찾아온다. 준비된 자만이 그 가면 속의 기회를 알아보고 낚아챈다.

2

{ 공든 탑이 무너지지 않게 조심하라 }

●

　인생의 각본을 잘못 쓰면 그리고 그것을 실행하면 큰 낭패를 볼 수도 있다. 잘나가는 정치인이 한 번의 추문으로 몰락하는 경우를 심심찮게 볼 수 있다. 기업인들도 마찬가지다. 유명 운동선수나 연예인도 예외가 아니다. 이제 뭔가 큰 꿈을 펼치려는데 말 그대로 한 방에 훅 가버리고 만다. 굳이 실명을 대지 않아도 이런 사례는 금방 머릿속에 떠오를 것이다.

인생에도 과속방지턱이 필요하다

자동차만 과속방지턱이 필요한 게 아니라 우리 인생도 과속방지턱이 필요하다. 인생의 각본이 필요한 이유다. 때로는 속도 조절도 할 줄 알아야 하고 자신이 가는 방향이 제대로인지도 살펴야 한다. 만약 실수라도 저질렀을 때 상대방이 실수로 넘어가 주면 문제가 안 된다. 하지만 실수가 고의라면 문제가 다르다. 순간적인 판단 착오로 한 행동이 치명적인 결과에 이르는 경우도 있다.

연예인이나 스포츠 스타 등 유명인들의 실수나 잘못된 행동에 대한 파급 효과는 실로 막대하다. 도박이나 약물 복용, 성폭행, 음주운전 행위로 인해 대중의 관심에서 멀어진 스타들도 부지기수다. 당장 눈앞에 벌어진 일은 물론이고 과거의 행적에 대해서도 낱낱이 밝혀져 낭패를 당하는 경우가 많다.

우리 같은 평범한 사람은 물론이고 자신의 꿈을 펼치고자 하는 재능 있는 사람도 일찍이 평판 관리를 시작해야 한다. 그 누구도 네티즌이나 SNS에서 자유로울 수 없다. 이제는 전 국민, 아니 전 세계인이 나를 지켜보고 있다는 것을 명심해야 한다.

단 한 번의 실수도 경계하라

테니스 황제 노바크 조코비치Novak Djokovic가 US오픈 실격패를 당한 적이 있다. 당시 미국의 언론 매체 「인사이더」는 "노바크 조코비치가 자신의 경력을 돌아봤을 때 2020년은 아마도 가장 잊고 싶은 한 해가 될 것이다."라고 전했다. 그만큼 이 사건은 조코비치 본인뿐만 아니라 전 세계인에게 충격을 주었다.

조코비치는 이날 미국 뉴욕의 빌리진 킹 내셔널 테니스 센터 아서 애시 스타디움에서 열린 US 오픈 남자 단식 16강전에서 세계 랭킹 26위인 스페인의 파블로 카레뇨 부스타Pablo Carreño Busta와의 경기에서 1세트 도중 실격을 당했다. 그런데 실격 사유가 다소 황당하다. 1세트부터 연거푸 실수하며 경기가 잘 안 풀리자 열받은 나머지 공을 뒤로 툭 쳐냈다. 그런데 하필 그 공이 선심의 목을 정통으로 맞췄다.

이 갑작스러운 사태에 경기는 중단됐고 심판은 규정에 따라 조코비치의 실격패를 선언했다. 고의는 아니었다. 그러나 2020 테니스 그랜드슬램 규정은 '코트 내에서 공으로 위협하거나 무모하게 치는 행위에 대해 징계할 수 있다.'라고 명시하고 있다. 조코비치는 이에 대해 한동안 항의했으나 받아들여지지 않았다.

결국 실격패를 당하고 말았다. 메이저 대회 18번째 우승과 30연승 도전이 허무하게 끝난 순간이었다.

순간의 짜증을 이기지 못한 대가로 조코비치는 엄청난 손실을 보았다. 대회 상금 25만 달러(2억 9,700만 원)는 벌금으로 모두 반납했고 랭킹 포인트 180점도 잃었다. 그리고 세계 최고의 테니스 스타로서 그가 가지고 있던 긍정적인 이미지에도 큰 상처를 냈다. 가뜩이나 조코비치는 코로나19 확산 이후 백신을 거부하고 자신이 개최한 이벤트 대회에서 코로나19 방역 수칙을 제대로 지키지 않아 감염 선수가 나오면서 구설에 오른 적도 있다.

「인사이더」는 "경기력이 아니라 명성 관점에서 놓고 보면 2020년은 조코비치 최악의 해가 될 것이 확실하다."라고 평가했다. 한편 조코비치는 경기 후 자신의 SNS를 통해 고의는 아니었지만 자신의 잘못이라고 하면서 US오픈은 물론 자신의 행동과 관련된 모든 분께 용서를 구한다고 밝혔다. 이번 일을 계기로 선수로서, 또 인간으로서 더 발전할 수 있도록 교훈으로 삼겠다고 덧붙이면서 반성의 뜻을 공개적으로 밝혔다.

나는 이런 사건들을 보며 어떻게 살아가야 할 것인가를 생각하는 계기가 됐다. 어릴 적부터 부모가 자녀에게 인생 각본에 대해 제대로 알려줘야 한다. 과거에 우리 부모들이 자녀들에게 "밖에 나가 맞고 오는 것보다 때리고 오는 게 낫다."라고 가르치곤 했다. 이제 그래서는 안 될 일이다. 내 생각, 내 판단, 내 행동이 절대 나에게만 국한되지 않는다는 것을 알려줘야 한다. 누군가에게 영향을 미칠 것이고 그 영향력이 선한 것인지 악한 것인지 사려 깊게 짚어야 한다.

3
{ 자기 인생의 스포일러가 돼라 }

●

　스포일러spoiler는 영화나 연극 따위를 아직 보지 않은 사람들에게 주요 내용, 특히 결말을 미리 알려서 보는 재미를 크게 떨어뜨리는 사람 또는 그런 내용의 말이나 글을 의미한다. 한마디로 영화와 연극 관람의 훼방꾼이라고 할 수 있다.
　봉준호 감독도 영화 「기생충」으로 오스카상을 수상하기 전 미국 TV 토크쇼에서 진행자가 "토크쇼에 나왔으니 줄거리에 대해 살짝 공개해주세요."라는 요청을 하자 "이 자리에서는 되도록 말을 안 하고 싶습니다. 스토리를 모르고 가야 더 재미있을 게 아니겠어요?"라며 발을 뺐다고 알려졌다.

이렇게 스포일러는 부정적 의미로 쓰이지만 나는 적어도 자신의 인생에 관해서는 스포일러가 되라고 강권한다. '내 인생의 스포일러가 돼라.' 무슨 말일까? 자신이 되고 싶은 상태wannabe를 미리 정하고 주변 사람들에게 그것을 선언spoiling하라는 것이다. 옛말에 "병은 널리 알려라."라는 말이 있다. 내 병을 알리면 주위 사람들에게서 치료에 관한 조언을 들을 수 있기 때문이다. 마찬가지로 내가 이런 사람이 되겠다고 선언하면 주위 사람들은 내 일거수일투족을 주의 깊게 볼 것이다. 더러는 응원하는 마음으로, 더러는 반신반의하는 마음으로.

내 입으로 선언하고 나면 그런 사람이 되려고 노력하게 된다. 나는 금연을 결심한 사람에게 반드시 주위에 선포하라고 얘기한다. 그것도 자신이 가장 소중하게 여기는 사람에게 선언하라고 말한다. 내가 담배를 끊을 때도 그랬다. 철없던 시절 담배를 피우게 된 게 오랜 흡연으로 이어졌다. 어느 날 건강을 위해 금연을 결심하고 여섯 살 된 아들과 아내 앞에서 금연 약속을 했다. 아이는 무슨 말인지도 몰랐겠지만 나는 아이와의 약속을 지키려고 여러 번의 실패 끝에 결국 담배를 끊을 수 있었다. 만약 아들과 약속을 하지 않았더라면 금연에 성공하지 못했을 거다.

그런데 어떤 사람들은 자신의 목표를 알리지 않다가 어느 날 "짠!" 하며 나타나 놀라게 하겠다고 한다. 그 이면에는 혹시 안 될지도 모르니 실패했을 때 망신당하고 싶지 않은 마음이 있어서다. 그런 마음으로 하니 안 되는 것이다. 그래서 홀로 골방에 틀어박혀 고군분투를 한다. 그러다가 제풀에 지쳐, 딴 길로 새는 사람들이 허다하다. 남들 앞에서 선언했다고 다 된다는 말은 아니다. 그러나 적어도 그렇게 되려고 노력하게 된다. 처음에는 실패할 수도 있다. 그래도 괜찮다. 그러면 또 선언하라. 시간은 걸리더라도 언젠가는 될 것이다.

선언하라! 그러면 이루어진다

나는 나 스스로를 '국가대표 가정행복코치'라고 부른다고 했다. 가정행복코치로서 내 가족의 행복을 책임지고 나아가 다른 가정을 돕고 행복지수를 높이는 것이 내 사명이자 정체성이다. 남들은 인정 안 할지도 모르지만 상관없다. 내가 그렇게 선언하고 믿고 행동하면 된다. 그렇게 20년을 살아왔다.

나는 오랜 결혼 생활 동안 적지 않게 부부 싸움을 했다. 아들과 딸이 사춘기 시절일 때 아이들과 티격태격한 적도 부지기수다. 그때마다 아내에게 수없이 "이혼하자."라는 말을 들었고 나도 홧김에 그런 생각을 여러 번 했다. 하지만 곧 마음을 고쳐먹고 회복을 시도했다. 나는 가정행복코치이기 때문이다. 만약 내가 사람들에게 선언하지 않았더라면 벌써 이혼했을지도 모를 일이다. 관계가 회복되고 나면 언제 그랬냐는 듯이 시시덕거리고 산다. 나는 농담 삼아 아내에게 말한다. "내가 가정행복코치가 아니었으면, 우리 벌써 헤어졌어. 알아?" 그러면 아내는 이렇게 응수한다. "나도 그 말 때문에 어쩔 수 없이 이러고 산다. 알아?"

선언한다는 것은 남들에게도 기억되지만 무엇보다 내 뇌에 기억된다. 그것이 내 생각과 태도와 행동에 영향을 끼치게 되고 결국 나는 그 사람이 된다. 교육학자들이 말하는 일종의 자성예언自成豫言, self-fulfilling prophecy이다. 『나는 왜 이 일을 하는가?』로 유명한 세계적인 강연가 사이먼 시넥Simon Sinek은 '골든 서클'의 원리를 설명하면서 선언의 중요성을 밝힌 적이 있다.

우리 뇌의 가장 바깥쪽은 의식을 관장하는 대뇌 피질의 자리다. 이곳에서는 사물이 '무엇what'인지 인지하게 해준다. 그다음 안쪽에는 감정과 행동을 관장하는 변연계가 있는데 '어떻게how'

를 생각하게 하는 곳이다. 가장 안쪽이자 뇌의 중간에 있는 뇌하수체는 '왜why'를 떠올리게 한다. 사람들은 무엇에 대해서는 분명히 인지하고 있다. 건강, 부, 사랑 등 무엇을 원하는지는 대체로 뚜렷한 편이다. 중요한 것은 그것을 어떻게 가질 수 있는지, 또 왜 그것을 원하는지 알아야 자신이 원하는 것을 얻을 수 있다. 그렇지 않으면 실패를 반복할 수밖에 없다.

무엇보다 '왜?'를 떠올리고 그 물음의 대답을 찾아야 한다. 왜 그런지 알게 되면 어떻게 할지는 저절로 드러난다고 한다. 본능적으로 뇌는 공간이 비어버리게 되면 메우려는 성질이 있다. 과제 앞에서 어떻게든 풀려는 것처럼 말이다. 사이먼 시넥은 테드TED 강연에서 마틴 루터 킹 목사의 연설을 인용하면서 설명한다. "그는 미국에서 변화하기 위해 필요한 것이 무엇인지에 대해 사람들에게 말하지 않았습니다. 그는 자신의 신념을 사람들에게 이야기했죠. '나는 믿습니다, 믿습니다, 믿습니다.'"

자기 선언은 자기와의 싸움을 만천하에 알리는 것이다

알다시피 마틴 루터 킹의 연설은 인종차별을 반대하는 논리적인 설득보다 여러 인종의 아이들이 함께하는 꿈에 관해 이야기하면서 사람들의 마음을 움직였다. 그리고 그 자신도 자신의 신념을 공개적으로 선언하면서 온갖 탄압과 살해의 위협에도 굴하지 않고 자신과의 약속을 지켰다. '왜'를 분명하게 인식하는 순간, 그는 자신의 꿈이 이루어질 것처럼 행동했다. 이미 이루어진 것처럼 말하면 앞서 말한 것처럼 자성예언이 된다. 즉 그대로 말하고 행동하면서 자신을 변화시킨다. 또한 숱한 시선이 나를 바라본다. 내가 한 말을 지킬지 안 지킬지 지켜본다. 어쩌면 자존심이 발동되는 순간이기도 하다. 내가 한 선언은 나와의 싸움을 만천하에 알리는 것이니 패배의 굴욕적인 모습을 보이고 싶겠는가.

자기 선언은 선언을 지키고자 하는 동력을 제공한다. 이때 더 큰 힘을 갖추려면 선언의 형식을 좀 더 세밀하게 갖출 필요가 있다. 예를 들어 일인칭 시점으로 '나는 ~을 한다.'라거나 '나는 ~이다.'처럼 간결하고 단호하게 선언하는 게 좋다. 각본을 쓰는 요령을 말한 것과 비슷하다. 부정적인 표현보다 긍정적인 표현으로 미래형보다 현재형으로 선언한다. 그래야 좀 더 확실한 자기와의 약속으로 머리에 각인되고 실천적인 행동을 취하게 된다.

가난을 생각하면 가난하게 되고 부를 생각하면 부자가 될 수 있다. 불운과 행운도 마찬가지다. 사람들은 자신이 생각하는 방향으로 삶을 끌어가는 경향이 있다. 인간은 자신이 생각하는 대로 이루어진다. 생각하는 대로 살지 않으면 사는 대로 생각한다. 지금 좀 어렵게 살고 있는데 딱히 긍정의 미래를 생각하지 않으면 계속 불운한 대로 살고 생각하게 마련이다.

무엇을 선택하는 것은 자신의 몫이지만 자신이 이루고 싶은 긍정의 꿈을 당당히 선언하는 게 더 낫지 않은가. 그래야 꿈이 이루어진다.

선언하라. 그러면 그렇게 된다.

4

{ 인생은 한 걸음씩 가는 것이다 }

●

　최근 수년간 베스트셀러로 사랑받는 책들을 보면 '다른 사람 눈치 보지 마라.' 또는 '자신의 마음에 공감해주라.'라는 주제가 많다. 열심히 사는 것보다 자신을 보듬으면서 적당히 사는 것이 진정 행복한 인생이라는 의미에서다. 그런데 그 말대로 살다가는 쪽박 차기 십상이다. 그런 말을 하는 사람들이 누군가 보라. 다 갖춘 사람들이다. 경제적 여유도 있고, 사회적 지위와 명예도 있고, 대중 앞에서 자신을 드러낼 수 있는 사람들이다. 그러니까 그렇게 말하는 거다. 유소유라서 무소유를 얘기할 수 있는 거다. 무소유인 자가 무소유하라고 얘기하면 평생 루저, 즉 없는 자의 넋두리로밖에 들리지 않는다.

땀과 노력은 절대 배신하지 않는다

대한민국이 초고도 성장을 이루면서 국민의 삶의 질이 높아졌음에도 행복지수가 상대적으로 낮다는 사실은 부인할 수 없다. 또 돈이나 재산 등 물질적 가치가 행복지수를 대체할 수 없다는 것에도 동의한다. 경제적 부와 사회적 성공을 이루려다 정작 가장 소중한 자신의 건강과 인성, 나아가 가족의 행복을 놓치는 경우를 경계하라는 의미라는 것도 안다. 그럼에도 불구하고 내 인생은 내가 주인공이고 내가 책임져야 한다는 사실이다. 그 누구도 나를 대신해서 살아줄 수 없고 내 인생을 책임져줄 수 없다. 부모도 배우자도 자녀도 마찬가지다.

인생은 단거리 경주가 아니라 마라톤이다. 100세 인생을 잘 살아내야 한다. 평생을 잘 살면 좋겠지만 그런 사람은 별로 없다. 70~80년을 잘 살아야 한다. 그러려면 자기 인생 각본을 어떻게 짜야 할까? 초기 30년은 배우는 기간, 중기 30년은 돈 버는 기간, 후기 30년은 나누고 베푸는 기간이 돼야 한다. 어려서는 열심히 공부하고 젊어서는 열심히 돈 벌어야 한다. 여기서 말하는 공부는 흔히들 생각하는 학교 공부뿐만이 아니다. 자신만의 필살기를 말하는 것이다. 성공한 사람들은 이미 이러한 것을 거치면서 지금 자리에 있다. 열심히 때로는 가혹하게 자신의 필살기를 마련하기 위해 수고와 노력을 마다하지 않은 사람만이 성공한다.

자신이 그려놓은 각본대로 살기 위해서는 버티는 수고와 노력도 필요하다. 몇 년 전 많은 이의 사랑을 받았던 드라마 「미생」에서 이런 대사가 나온다. "버텨라. 그것이 이기는 것이다. 우리는 아직 다 미생이다." 버틸 수 있어야 한다. 매번 각본을 실현하기 위해 기울이는 노력과 수고가 버거울 때가 있다. 몸짱을 만들겠다고 했을 때 음식의 유혹은 날마다 나를 괴롭혔다. 그동안 기울인 노력과 수고가 한순간에 물거품이 될지도 모르는 살얼음판을 걷기도 했다. 그때마다 버텼다. 나와 가족의 행복을 위해서 적절한 재정 상태를 갖추는 것은 꼭 필요하다. 그래서 중기 30년은 빡빡하게 벌어야 한다. 열심히 벌어서 중년과 노년에 자신과 가족의 행복한 삶에 소비하고 노년에 타인과 후손들에게 베풀고 나눌 수 있는 여력을 갖춰야 한다. 또 건강 관리도 해야 하며 인간관계도 무시할 수 없다.

이 모든 일에 수고와 노력을 게을리해서는 안 된다. 자신의 마음을 보듬고 공감하는 것도 물론 필요하다. 정신 건강이나 육체 건강을 해칠 만큼 공부나 일에 몰두해서는 안 되지만 그러지 않고 되는 일도 없다. 그 한계는 사람에 따라 다르겠지만 스스로 자신의 한계를 설정하고 적어도 거기까지는 노력해야 한다. 성공한 사람이나 위인들은 그 한계를 넘어선 사람들이다.

어제보다 더 나은 오늘을 위해 열심히 살자

"나의 유일한 경쟁자는 어제의 나다. 눈을 뜨면 어제 살았던 나보다 더 가슴 벅차고 열정적인 하루를 살려고 노력한다. 연습실에 들어서며 어제 한 연습보다 더 강도 높은 연습을 한 번, 1분이라도 더 하기로 마음먹는다. 어제를 넘어선 오늘을 사는 것, 이것이 내 삶의 모토다."

세계적인 발레리나 강수진이 저서 『나는 내일을 기다리지 않는다』에서 한 말이다. 세계 최고의 자리에 오른 사람은 그 자리에 올라도 여전히 어제보다 더 나은 오늘을 위해 열심히 산다. 워라밸은 열심히 살지 말라는 뜻이 아니다. 일과 삶의 균형을 맞추라는 것이 어찌 대충 살라는 뜻이 되는가. 일도 삶도 열심히 살면서 균형을 맞춰야 한다. 영국의 시인 로버트 브라우닝Robert Browning이 "인생은 자고 쉬는 데 있는 것이 아니라 한 걸음 한 걸음 걸어 나가는 데 있다."라고 말한 것처럼 늘 움직이고 노력하고 도전해야 한다.

5

{ 그저 열심히가 아니라 잘 살아야 한다 }

●

열심히 살아야 한다. 그게 조물주가 우리를 세상에 보낸 이유다. 다들 참 열심히들 산다. 그렇게 살지 않고는 잘 살아낼 수 없기 때문이다. 그래서 자기계발 노하우, 책 잘 읽는 법, 글 쓰는 법, 주식 투자로 돈 버는 법, 부동산 투자로 자산 불리는 법, 직장에서 성공하는 법 등을 가르치는 곳도 많고 배우는 사람들이 많다.

왜 열심히 살았는데도 후회할까?

4차 산업혁명 시대인 요즘은 더 많은 공부를 한다. 코딩, 인공지능, 블록체인, 클라우드, 빅데이터, 파워포인트, 줌 사용법 등 듣지도 보지도 못한 단어들이 넘쳐난다. 이런 것들만 배우면 '불행 끝, 행복 시작'인 줄 안다. 그동안 행복한 삶을 산답시고, 성공적인 삶을 산답시고 얼마나 바쁘게 달려왔던가. 밥을 거른 적도, 잠을 설친 적도, 집에 와서는 잠만 자고 허겁지겁 일어나 달려나간 적도 부지기수였다. 새벽 조찬에, 저녁 만찬에, 이 핑계 저 핑계로 사람을 만나고 술자리에 참석하면 좋은 세상, 행복한 세상이 오리라 기대하며 얼마나 열심히 살았던가.

물론 이런 공부가 필요 없다는 게 아니다. 열심히 사는 게 나쁘다는 말이 아니다. 문제는 다들 그렇게 열심히 살았는데 잘 살았다는 사람을 보지 못했다. 대부분 후회 일색이다. 돈은 많이 벌었는데 건강을 잃은 사람, 좋은 집에 살며 큰 차를 타고 다니지만 가정이 깨진 사람, 사회적으로 성공했지만 다른 사람들의 손가락질을 받는 사람, 높은 학식을 자랑하지만 존경을 받지 못하는 사람, 자신의 지위를 이용해 아랫사람을 괴롭히는 사람, 자신이 더 갖기 위해 자신보다 못한 사람을 착취하는 사람······

다른 사람 얘기가 아니라 바로 내 얘기다. 사회적으로 성공했는데 바빠지니까 아내와의 관계가 더 나빠졌다. 강의 다니느라, 방송 출연하느라, 사람들 만나느라 정작 내 삶에서 가장 소중한 가족들을 등한시하는 아이러니한 상황이 일어났다. '돈'만 해도 그렇다. 나도 젊어서 많은 일을 했고 많은 돈을 벌어보기도 했고 또 많은 돈을 잃은 적도 있다. 살아보니 필요 이상의 돈은 오히려 근심과 걱정거리만 됐던 것 같다. 신혼 초기 돈이 없을 때는 꼬박꼬박 월급 들어오는 것만 해도 감사하며 부부가 사이좋게 살았다.

그러다 경제적 여유가 생기고 나니 아내의 동의도 받지 않고 이런저런 투자를 했다가 적지 않은 돈을 날리면서 부부간 갈등이 심해졌다. 나는 따져 묻는 아내에게 도리어 화를 냈다. "내가 번 돈 내 맘대로 하는데 왜 당신이 뭐라고 해? 그리고 내가 나 혼자 잘 먹고 잘 살자고 했어? 다 가족들을 위해서 한 거지." 나를 이해해주지 못하는 아내에게 서운한 맘을 드러내며 다투곤 했다. 돈도 원칙을 세우고 벌어야 한다. 그러지 않으면 돈이 많아서 오히려 망한다.

인생의 리모델링 각본도 써야 한다

참 서툰 어른들이다. 우리가 어쩌다 이런 어른이 됐지? 나이가 들었다고 다 어른이 아니다. 육체와 더불어 정신도, 정서도 성숙해져야 비로소 어른이다. 잘 산다는 게 뭔가. 후회하지 않는 삶을 사는 거다. 100년을 살면서 후회 없는 삶을 살 수는 없겠지만 지나온 세월을 돌아보니 그래도 잘 살았노라고 고백하는 삶이 돼야 하지 않을까.

그렇게 열심히 살았으면 잘 살았고 후회 없이 살았다고 고백해야 하는 거 아닌가? 그런데 왜 그렇지 못할까? 그들은 인생의 사다리를 잘못 놓았기 때문이다. 잘못 놓은 사다리 위에서 죽으라고 열심히 노력했기 때문이다. 인생은 속도가 아니라 방향이라는 사실을 망각했기 때문이다. 인생의 각본을 잘못 그렸기 때문이다.

일본의 호스피스 전문의인 오츠 슈이치의 저서 『죽을 때 후회하는 스물다섯 가지』를 보면 누구나 죽을 때 후회를 한다고 한다. 왜 후회하는가를 살펴보니 돈, 지위, 명예, 성공과 같은 단어들은 없었다. 대신 가족, 감사, 사랑, 꿈, 겸손, 친절, 감정, 사람, 연애, 결혼, 자식, 여행, 고향, 음식, 건강과 같은 단어들이 있었다. 요즘 유행하는 말로 '소확행(소소하지만 확실한 행복)'이다.

그동안 우리의 일상은 일과 삶의 불균형 상태였다. 이제 드디어 일과 삶의 균형 work-life balance을 갖춰야 할 시기가 왔다. 그동안 무엇을 위해 이렇게 살았던가 돌이켜보자. 무엇 때문에 일을 하고 무엇 때문에 돈을 벌었던가. 명목적 이유는 나와 가족의 행복을 위해서였다. 그런데 정작 가족은 행복하지 않고 각자 뿔뿔이 흩어져 살았다. 우리 인생의 목표가 뭔가? 가족의 건강, 안녕, 행복 아닌가.

어느 날 아내와 함께 양재천을 걸으며 나름 내린 결론은 이렇다. 적당한 나이에 결혼해 아이를 낳아서 키우고, 몸 건강하고, 우리 집을 마련해 편안하게 쉴 수 있으면 좋겠다. 밥 세 끼 굶지 않고 아주 가끔 외식할 정도의 여유가 있고, 통장에 약간의 돈이 있고, 장성한 자녀들이 결혼해 아이 키우며 알콩달콩 잘살고, 재롱을 피우는 손주들이 장성하여 결혼하는 것까지 볼 수 있다면 그것이 행복 아니겠는가. 너무 소박한가? 아니, 혹자에 따라서는 너무 큰 꿈일 수도 있겠다. 어쨌든 아내와 나는 그렇게 살다가 가자고 결론을 내렸다. 다소 싱거운 결론이지만 그래서 삶이 상식적이라고 하는 것이다. 행복, 그거 별것 아니다.

젊은 사람들도 인생의 각본을 수정해야 할 때는 과감히 바꿀 수 있어야 한다. 허황된 물질의 욕망에 사로잡히는 것보다 자신의 행복을 찾으러 떠날 줄 알아야 하지 않을까? 영화「리틀 포레스트」에서 주인공 혜원은 고단한 도시의 삶에 지쳐 있다가 자신의 고향 집으로 돌아온다. 집을 떠날 때만 해도 시험을 준비하고 직장 생활과 아르바이트를 하지만 시간이 갈수록 소진되는 삶을 견딜 수 없었다.

혜원은 돌아온 시골집에서 혼자 지낸다. 사시사철 농사를 짓고 밭에서 나는 작물로 음식을 만들어 먹으며 소소한 행복을 느끼며 살아간다. 이 영화를 보면서 도시 생활에 적응하지 못하고 고향으로 돌아온 혜원을 실패한 사람으로 여기는 관객은 아마 없었을 것이다. 이 영화를 보며 힐링이라는 말을 많이 하는데 단순히 쉼과 치유를 보여주는 영화가 아니다. 혜원은 열심히 자신의 소박한 삶을 가꾼다. 그 결과로 얻는 맛있는 음식을 즐긴다. 싱거운 삶이라도 자신만의 행복을 찾았다면 그게 행복이라는 주제를 느꼈을 것이다.

이제 각본을 다시 써야 할 때다. 인생을 리모델링해야 할 때다. 잘못 놓았던 사다리를 바른 위치에 다시 놓아야 할 때다. 그게 쉽지 않다고? 그렇지 않다. 쉽고 어려운 게 문제가 아니라 고치느냐 마느냐의 의지와 실행이 중요하다. 그리고 각본을 다시 쓴 뒤에 더 나은 결과가 나오리라는 믿음이 있어야 한다. 영국의 극작가이자 소설가인 조지 버나드 쇼George Bernard Shaw는 어느 날 밤새도록 원고를 썼다. 새벽녘이 돼서야 잠든 그의 서재에 부인이 들어왔다. 부인은 조지 버나드 쇼가 밤새 쓴 원고를 읽고 난 뒤에 소리쳤다. "당신의 글은 쓰레기예요!"

부인의 소리에 잠이 깬 조지 버나드 쇼는 태연하게 말했다.

"맞아요. 하지만 일곱 번째 교정을 마친 후에는 완전히 달라져 있을 거예요."

이미 원고를 여섯 번이나 고친 조지 버나드 쇼는 또 한 번의 수정 작업을 당연하다는 듯 말했다. 그리고 그 결과는 훨씬 더 나아질 것이라고 장담했다. 인생의 각본도 이와 다를 게 없다. 글을 쓰면서 초고에 만족하는 사람은 없다. 초고는 쓰레기에 불과할지도 모른다. 그러나 고치고 또 고치면서 점점 나아진다. 인생의 각본도 고치고 또 고치면서 더 나은 삶을 꾸려가야 한다.

6
{ 스토리가 없으면 히스토리도 없다 }

●

"스토리가 없으면 히스토리(역사)도 없다.No story, no history."

인류 역사를 보라. 역사는 위기 극복의 과정이다. 인류 역사는 그런 위기를 이겨낸 사람들의 성공 스토리를 모아놓은 거다. 역사는 살아남은 자들의 스토리다. 살아남지 못한 자들은 역사의 뒤안길로 사라져 버렸다. 역사는 그들을 기억하지 않는다. "강한 자가 이기는 게 아니라 이기는 자가 강한 자다."라는 말도 있지 않은가. 끝까지 버티는 자가 이기는 자다. 이외수 선생도 '존버

(존나게 버틴다)'하라고 했잖은가.

만약 인류가 위기를 극복하지 못했다면 '위기'란 단어는 존재하지 않았을 것이다. 대신 '위험' '실패' '몰락' 같은 단어만 존재했을 것이다. 힘들지만 "이 또한 끝날 것이다."라는 마음으로 끈기 있게 이겨내자. 그냥 버티는 게 아니라 버티면서 스토리를 만들어라.

어느 교수의 고백이 의미심장하다.

"우리는 껍데기였다. 남이 써놓은 책을 읽고 앵무새처럼 전달만 하고 살았다. 정작 내 스토리가 없었다."

남들이 부러워하는 대학 교수의 고백이 이럴진대 하물며 우리 같은 범인들이야 무슨 할 말이 있으랴. 그렇다. 자기 스토리가 없는 인생은 무의미하다. 살아도 산 게 아니다. 태어나서 살다가 죽었다. 이렇게 죽기엔 좀 억울하지 않나?

누군가 그랬다 '전문가'는 '문외한'이라고. 자기 전공 분야밖에는 아는 게 없다고. 문외한門外漢의 원래 의미는 '어떤 일에 전문적 지식이나 조예가 없는 사람'을 말한다. 하지만 여기에서는 '자신의 전공 분야를 제외하고는 아무런 지식이 없는 사람'을 지칭한 것이다. 전문 지식과 인생 스토리는 다르다. 전문 지식이 필요 없다는 게 아니라 그것이 세상과 사람들을 위해 선한 영향력을 미칠 수 있어야 한다는 뜻이다.

나의 스토리를 기록하라

흑역사도 역사다. 그런 의미에서 고난이야말로 진솔한 스토리이고 진정한 역사다. 고난은 나의 성장을 이끌고 그 체험이 다른 사람들의 성장을 돕는다. 송수용 작가는 말한다. "내 상처의 크기가 내 사명의 크기다." 그렇다. 상처가 큰 만큼 나는 더 단단해진다. 물렁물렁하고 이도 저도 아닌 내가 아니라 산전, 수전, 공중전, 지하전, 화학전까지 다 겪은 내가 아닌가.

내가 아무리 많은 스토리가 있다고 해도 그 스토리를 기록하지 않으면 역사가 되지 않는다. 스토리는 글로 쓰여야만 역사가 된다. 머릿속에만 있으면 과거의 추억일 뿐이다. 그것이 역사로 다른 사람들에게 영감을 주려면 글로 쓰여야 한다.

"역사적 사실은 역사가가 창조하기 전까지는 존재하지 않는다." 상대주의 역사관으로 유명한 미국 역사가 칼 베커Carl Becker의 말이다.

"역사란 역사가의 경험이다. 그것은 역사가에 의해서만 만들어진다. 역사는 쓰는 것이 역사를 만드는 유일한 길이기 때문이다." 영국 역사가 마이클 오크숏Michael Oakeshott의 말이다.

그렇다. 역사는 역사가에 의해 쓰이지만 내 역사는 나만 쓸 수 있다. 내가 기록하지 않으면 그것은 역사가 아니라 추억일 뿐이며 꼰대의 푸념일 뿐이다. 그저 생각날 때마다 어렴풋이 떠오르는 기억의 파편만을 가지고 왜곡까지 하면서 풀어놓는다. 술자리에서 그 옛날 잘나가던 시절의 무용담을 늘어놓는 꼴이다.

자기 삶을 기록하는 것은 일기장에 오늘 있었던 일만 기록하는 게 아니다. 인간이 무엇을 기록하는 것은 어쩌면 가치 있는 정보를 남기는 행위이기도 하다. 그래서 기록의 가치는 크다. 누군가에게 혹은 자신에게 통찰의 끈을 이어주는 매개체가 될 수 있기 때문이다. 기록을 하려면 자신과 주변 그리고 일상과 환경에 대한 면밀한 관찰이 이루어져야 한다. 한밤중에 쓰는 감성적 글과는 다르다. 주의 깊은 관찰과 깊은 성찰로 작성하는 기록은 의미심장한 통찰을 낳는다.

내 삶에 의미를 부여하고 변화의 씨앗을 발견할 수 있는 것은 내 안의 모습을 볼 때 가능하다. 그것도 지속적이어야 한다. 마디마디 토막 난 일상을 되돌아보는 것으로는 안 된다. 차분히 앉아 자신의 일상을 되돌아보는 것으로 성찰과 통찰의 계기를 만들 수 있다. 기록은 글을 쓰는 효과를 누리게 한다. 글을 쓴다는 것은 내면을 찬찬히 들여다보고 생각을 정리하는 과정이다. 나 혼자만의 생각을 기록하는 게 무슨 대수냐고 할 수 있다. 그러나 기록은 나를 객관적으로 바라보게 한다. 혼자만의 생각이라 여겼는데 기록을 통해 생각과 행동이 어떤 의미를 지니는지 알 수 있다. 사회성이라든가 타인의 관점에서 자신의 기록을 평가한다. 그 과정에서 성찰이 이루어지고 통찰의 실마리를 찾는다. 이렇게 기록은 자신만의 콘텐츠를 만들어내기도 한다. 자신의 이야기를 적는 것이니 고유한 자신만의 콘텐츠가 된다. 자기 정체성이 고스란히 담겨 있고 글로써 가다듬은 생각을 표현하는 것이다. 책을 쓸 만한 정도의 콘텐츠와 글감을 일상적으로 모으는 셈이다.

각본을 수시로 새로고침하고 점검하라

　기록은 인생의 각본의 방향을 매번 점검하고 재조정한다. 하버드 대학교 경영대학원 졸업생을 대상으로 한 기록 관련 실험은 유명하다. 자신의 꿈과 비전을 기록한 집단과 그렇게 하지 않은 집단으로 나누어 장기간에 걸쳐 추적 조사를 했는데 두 집단의 결과가 너무나 달랐다는 것이다. 실험 대상자들은 미래에 대한 명확한 비전과 목표를 기록한 3퍼센트, 비전과 목표가 있어도 기록하지 않은 13퍼센트, 별다른 비전과 목표가 없다는 84퍼센트로 나뉘었다. 그들을 10년 뒤에 역추적했더니 비전과 목표가 있어도 기록하지 않은 13퍼센트의 집단은 평균 소득이 비전과 목표가 없다고 했던 84퍼센트의 집단보다 2배 이상 높았다고 한다. 비전과 목표를 기록한 3퍼센트의 집단은 무려 10배 이상 높았다.

소득의 크기가 인생의 성패를 가늠하지는 않는다. 또 단 한 번의 행동으로 누군가의 인생을 단정할 수도 없다. 다만, 기록이 발휘하는 효과는 분명 있다. 인생의 각본을 쓰는 것도 각본대로 이루어지기 위한 기록의 과정이다. 명확하고 구체성을 가진 목표와 비전의 각본을 써야 실제로 이루어지는 것이다.

인생의 각본을 쓰고 또 수시로 점검하고 수정하는 기록은 다짐의 새로고침이자 실천의 독려라 할 수 있다. 베스트셀러『마시멜로 이야기』의 저자이자 자기계발 전문가인 호아킴 데 포사다 Joachim de Posada 교수는 다음과 같이 말했다.

"기록은 행동을 지배한다. 글을 쓰는 것은 시신경과 운동 근육까지 동원되는 일이라서 뇌리에 더 강하게 각인된다. 우리 삶을 움직이는 것은 우리 손이다. 목표를 적어 책상 앞에 붙여두고 늘 큰 소리로 읽는 것, 그것이 바로 삶을 디자인하는 방법이다."

스토리를 꾸준히 적으면서 자신의 역사를 만들어가는 게 삶을 디자인하는 것이다. 이 작업은 그 누구도 대신해줄 수 없다. 오로지 자신만이 수행할 수밖에 없는 삶의 디자인이다.

역사는 알고 보면 기록된 것만 남는다. 기록되지 않은 역사는 당대에서는 좋았을지 몰라도 결국 잊히게 되고 시간의 흐름 뒤로 사라지고 만다. 그런데 사라지든 말든 지난 시간을 왜 기록하는 것일까? 기록으로 남아 있는 것만 인식하고 그때를 평가해 반면교사로 삼거나 계승하며 발전시키기 때문이다. 개인의 일생도 마찬가지다. 자신의 스토리를 적어라. 그리고 역사를 만들어라. 그래야 과거가 미래를 위한 성장의 디딤돌이 될 것이다.

7

{ 방향을 잃으면 방황하게 된다 }

●

"우리가 한 결정이 바로 우리 자신이다 We are our choices."
아마존의 제프 베이조스 Jeff Bezos 회장이 즐겨 쓰는 사르트르 Jean-Paul Sartre 의 명언이다. 자신이 한 결정은 평소 자신의 생각과 가치관이 배경이 돼 나온다. 그렇기 때문에 결정이 곧 자신이라고 하는 것이다. 이것이 바로 아마존 정신이다. 시애틀의 차고에서 아마존을 시작한 베이조스 회장은 문짝으로 책상을 만들었다. 이름하여 도어 데스크 door desk. 아마존의 도전과 절약 정신을 함축적으로 보여주는 상징물인 이 '문짝 책상'에 앉아 직원들은 이 말을 가슴에 새기면서 근무한다.

내가 내린 결정이 나를 성공으로도, 실패로도 이끈다. 그 누구의 탓도 아니다. 만약 그 권리를 다른 사람에게 넘겼다면 그것도 내 탓이고 내가 결정을 지연하거나 잘못 결정한 것도 내 탓이다.

방향을 잃으면 방황하게 된다. 우왕좌왕할 수밖에 없다. 불과 15년 전만 해도 목적지에 찾아가려면 지도를 보고 찾아갔다. 차량 내비게이션이 나오기 전 일이다. 지도는 인쇄물이기 때문에 오래된 것일수록 실제 도로와는 달랐다. 그리고 지도를 잘못 봐 목적지를 찾느라 애를 먹었던 기억이 누구에게나 있을 것이다. 이처럼 지도가 없거나 잘못된 지도를 가진 경우 방향을 잃어 우왕좌왕하거나 방황하게 된다. 지도가 없으면 지독히 고생하던 시절이다.

각본이 없거나 잘못된 각본을 가진 인생도 우왕좌왕하거나 방황할 수밖에 없다. 각본이 없는 사람은 어제도 오늘도 내일도 똑같이 살아간다. 전혀 변화가 없다. 이걸 한결같다고 해야 하나.

『논어』「양화」편을 보면 "가장 지혜로운 사람과 가장 어리석은 사람만이 변하지 않는다."라는 말이 있다. 변하지 않는 그대는 가장 지혜로운 사람인가, 가장 어리석은 사람인가? 이건 살아가는 게 아니라 그저 매일 살아지는 거다. 매일 하루가 사라지는 거다. 내가 삶을 주도하는 게 아니라 삶이 이끄는 대로 끌려가겠다는 말이다. 때로는 본능에 이끌려 때로는 충동적으로. 삶은 살아지는 게 아니라 살아내는 거다. 내 각본대로 살아내는 것이다. 삶의 방향을 잃고 방황하는 사람들이 우리 주위에 너무나 많다.

인생 지도는 지혜와 도리다

야구에서 타자는 3할만 기록해도 뛰어난 선수로 인정받는다. 열 번 타석에 들어서서 세 번만 안타를 쳐도 대단한 실력이다. 그런데 미국의 메이저리그에서는 무려 4할대를 기록한 타자가 있다. 역사상 최초이자 유일한 4할 타자였던 테드 윌리엄스Ted Williams다. 그런데 그가 4할을 치게 된 것은 자신의 타격 이론과 관련한 방향 정립이 분명했기 때문이다. 그의 타율 분포도를 보면 네모난 스트라이크존에서 바깥쪽 아랫부분의 타율이 가장 저조했다고 한다. 2할 2푼대에 불과했다. 만약 그가 아랫부분 방향의 타격을 고집했더라면 어떻게 됐을까? 아마도 4할은 달성하기 어려웠을 것이고 자칫 타격 자세가 무너져 3할도 위험했을지 모른다. 그래서 야구선수들은 웬만하면 자신이 가장 좋았던 타격 자세가 무너지지 않기 위해 손에 굳은살이 박이도록 수천 번 배트를 휘두른다.

요즘은 웬만한 차에 내비게이션이 다 있다. 내비게이션이 알려주는 대로 가면 목적지에 수월하게 도착한다. 인생에도 이런 내비게이션이 있으면 얼마나 좋을까? 누군가가 나를 대신해서 목적지를 설정해주고 그 목적지까지 이르는 여정의 각본을 짜주면 골치 아플 일도 없을 것이다. 그러나 그런 일은 일어나지 않는다. 누가 대신해준다고 해도 결국은 내 인생은 내가 사는 것이다.

인생 지도를 그리고 올바른 방향으로 각본을 짜는 것은 온전히 내 몫이다. 잘못된 길로 들어서지 않고 묵묵히 인생의 여정을 가기 위해 면밀하게 짜야 한다. 이때 자신에 대한 객관적이고 냉철한 분석이 필요하다. 헛된 욕망과 범죄와도 같은 성공의 야망을 떨쳐내기 위해서라도 자신을 제대로 알아야 한다.

스티브 잡스는 "사람들은 직접 보여주기 전까지는 자신이 무엇을 원하는지 모른다."라고 했다. 사람들은 자신이 진정 무엇을 원하는지 잘 알지 못한다. 그렇다 보니 자신을 과대평가하거나 혹은 과소평가하는 오류를 저지른다. 이런 상태에서 인생 지도를 어떻게 그릴 수 있겠는가? 자신이 어떤 상태인지, 나침반은

가지고 있는지, 여정을 떠날 만반의 준비는 해두었는지 모르는데 말이다.

　물론 인생 지도를 그리고 각본을 짰다고 해서 삶이 술술 풀리는 것은 아니다. 가끔은 내키지 않는 일도 해야 할 때가 생긴다. 가령 직장을 다니면서 이런저런 일로 스트레스를 받아 관두고 싶다. 하지만 각본이 있으면 버틸 수 있다. 당장 눈앞의 일이 전부가 아니라 미래에 도달할 목적지가 중요해서 참고 견뎌낸다. 이런 각본이 없으면 여기저기를 기웃거리며 하릴없이 인생을 낭비할 뿐이다.

일평생 인생의 각본을 써라

　올바른 방향으로 각본을 짠 사람은 늘 공부한다. 현재의 자신에 만족하지 않고 목적지에 다다를 방법을 찾는다. 소프트뱅크의 손정의孫正義 회장은 이미 19세 때 인생의 각본인 '인생 50년 계획서'를 만들었다고 한다. 그 계획서에는 60대의 모습까지 들어가 있었다. 20대에 이름을 날리고, 30대에 적어도 1,000억 엔의 자금을 마련하고, 40대에 사업에 승부를 걸어 50대에 매출

연 1조 엔의 사업으로 완성하고, 60대에 다음 세대에게 사업을 물려준다고 돼 있다. 이것만 보면 그저 돈을 많이 벌겠다는 야심 찬 목표만 보일지도 모르겠다.

하지만 그는 목표를 위해 어긋난 방향으로 가지 않고 지금의 소프트뱅크를 만들어냈다. 그가 젊을 때 생각한 다음 세대에게 물려줄 사업이 사회적으로 물의를 일으키고 부끄러워해야 하는 사업은 아니었을 것이다. 그리고 그는 일본뿐만 아니라 우리나라에도 늘 미래를 향한 각본 제시, 즉 길잡이 역할로도 유명하다. 김대중 대통령에게 한국이 가야 할 길은 초고속 인터넷이라 조언했고 문재인 대통령에게는 인공지능이 앞으로 한국이 가야 할 길이라 알려줬다. 자신의 각본이 분명한 사람은 이처럼 통찰력이 생기고 주위에 조언을 할 수 있는 능력을 갖추게 된다.

인생 지도는 단순한 지도가 아니라 세상을 살아가는 지혜와 도리다. 각본이 있는 사람은 목적지까지 기계적으로 가지 않는다. 늘 방법을 찾고 방향이 올바른지 지혜와 도리를 구해 따져본다. 그렇게 자신이 하고 싶은 일을 하며 살아간다.

8

{ 왜 우리는 해야 할 일을 미룰까 }

●

 세상에서 가장 쉬운 일이 뭘까? 그것은 바로 오늘 할 일을 내일로 미루는 것이다. 그러나 그 결과는 참혹하다. 미국의 제3대 대통령 토머스 제퍼슨Thomas Jefferson은 "오늘 할 수 있는 일을 절대로 내일로 미루지 말라."라고 말했다. 또 미국 작가 나폴레온 힐Napoleon Hill은 한술 더 떠 "미루기는 그저께까지 했어야 할 일을 모레로 미루는 나쁜 버릇이다."라고 했고 영국 극작가이자 시인 에드워드 영Edward Young은 "미루기는 시간 도둑이다."라고 말했다.

미루는 행위는 고민거리이자 심각한 사회 병리 현상이다. 사람들이 미루는 심리는 뭘까? 사람들은 '게으름' 때문이라고 말을 하지만 심리학자들은 생각이 다르다. 연구 결과 스트레스를 피하려는 심리, 실패에 대한 두려움, 완벽주의, 자신감 결여 등을 미루는 버릇의 심리적 요인으로 파악했다. 전두엽 이상과 관련이 있다는 연구 결과도 나왔다. 사람들은 새로운 현실에 맞닥뜨릴 때 두 가지 반응을 보인다. 좋거나 싫거나, 신나거나 두렵거나, 기꺼이 (도전)하거나 억지로 (회피)하거나 등이다. 긍정적인 반응을 하는 경우는 별로 많지 않다. 이미 알고 있는 일인 경우가 많기 때문이다. 그러나 부정적인 반응을 하는 경우는 다르다. 그런 조짐이 있더라도 직면하고 싶지 않은 심리 때문이다.

오늘 할 일을 내일로 미루면 어떤 일이 생길까? 두 가지 문제가 생긴다. 첫 번째는 하루 이틀 미룬 일들이 점점 많아진다. 나중에는 처리 불가할 정도로 일이 쌓인다. 그래서 문제들이 서류더미 속에 묻혀버린다. 사고 발생 가능성이 있는 문제들을 인지하지 못하게 되고 결국은 대형 사고로 연결된다. 두 번째는 이것이 습관으로 자리잡는다. 이런 일들에 치여 지내다 보면 자포자기의 심리가 생긴다. 이때부터 인생이 피곤해진다. 무기력증에 빠진다.

편안하게 지낼 때일수록 각본이 필요하다

1941년 12월 7일 일본의 진주만 기습이 있었다. 일본군의 진주만 공격 임박설에 대한 사전 정보들은 많았지만 아무도 귀 기울이지 않았다. 일본의 진주만 기습을 워싱턴에서 허즈번드 킴멜Husband E. Kimmel 제독에게 미리 경고했다. 그럼에도 킴멜 제독은 '설마 진주만까지야 오겠어?'라고 생각했다. 그 결과 미국은 심대한 타격을 입었다. 이걸 심리학적으로는 확증 편향이라고 한다. 자신의 선입관을 뒷받침하는 근거만 수용하고, 자신에게 유리한 정보만 선택적으로 수집하는 심리다. 자기가 보고 싶은 것만 보고 믿고 싶은 것만 믿는 현상인데 정보의 객관성과는 상관없다.

각본은 언제 필요할까? 거안사위居安思危라는 말이 있다. 편안하게 지낼 때도 위기를 항상 생각하며 대비하라는 뜻이다. 앞에서도 말했듯이 인생의 문제는 파도처럼 온다고 했다. 이 말의 유래는 중국의 춘추시대로 거슬러 올라간다. 진나라의 왕인 도공에게는 위강이라는 충직한 신하가 있었다. 당시 어지러운 춘추시대였던 만큼 힘없는 나라를 침략하고 나라 간의 협약을 무시하는 정나라의 횡포를 보다 못한 진나라의 도공은 다른 나라들과 연합해 위강에게 지휘를 맡겨 응징에 나섰다. 다급해진 정나라는 화친을 청하고 전쟁은 얼마 지나지 않아 종식됐다. 이때 도공은 위강의 공이 크다면서 정나라가 바친 공물 중 일부를 그에게 주려 했다. 그러자 위강은 승리의 공을 주군인 도공에게 돌리며 「서경」의 말을 빌려 진언했다고 한다. 그때 나온 말이 거안사위와 유비무환이다. 장차 있을 위태로움을 생각하고 위태로움을 생각하게 되면 항상 준비돼 있어야 하며 그러면 근심과 재난이 없을 것이라는 내용이다.

우리에게 로봇 다리로 잘 알려진 세진 군과 그의 어머니 양정숙 씨. 그녀는 세진이가 밖에서 장애인으로 들을 수 있는 비난과 욕을 미리 집에서 들려준다고 한다. 그래야 아이가 견뎌낼 수 있기 때문이다. 숨긴다고 될 일이 아닌 것을 알기 때문이다. 참 지혜로운 어머니다.

"괜찮겠지 뭐. 별일 있겠어?"라고 말하지 마라. 절대로 괜찮지 않다. '괜찮겠지 뭐.'라고 생각하는 순간 뱃살은 점점 늘어나고, 통장 잔액은 점점 줄어들고, 어느새 시험 날짜는 다가온다.

"괜찮다."라는 말은 절대 괜찮지 않다

요즘처럼 인터넷 사용이 생활화되면서 인터넷 보안 문제가 시대의 화두가 됐다. 나는 1년에 두 차례 반드시 금융과 주요 포털 계정의 비밀번호를 변경한다. 거의 반나절이 걸리는 힘든 작업이지만 반드시 한다. 이 일을 게을리해서 만에 하나 해킹이라도 당하면 업무 마비는 물론 큰 경제적 손실로 이어지기 때문이다. 그리고 만일을 대비해 모든 데이터는 클라우드에 보관한다.

이것도 사실은 큰 시련을 겪고 난 다음 생긴 습관이다. 두 번째 책을 쓸 때 일이다. 원고를 거의 완성해 집이나 사무실에서 작업하기 쉽게 이동식 저장장치인 USB에 담아 첨삭 작업을 하고 있었다. 그런데 어느 날 USB가 열리지 않았다. 자주 사용해서 훼손된 것이다. 순간 가슴이 철렁 내려앉았다. 2년 가까이 해온 작업인데 다 날아가다니! 그때부터 부랴부랴 복구 업체 여러 군데를 찾아다니며 복구하려고 애썼지만 결국 실패하고 말았다. 어쩔 수 없이 기억을 되살려 원고를 다시 써야 했다.

거안사위는 유비무환의 자세를 뜻하기도 한다. 우리 사회는 거안사위와 유비무환의 뼈저린 교훈을 너무나 많이 얻었다. 현대사로 좁혀만 봐도 숱하게 반복됐다. 한국전쟁 초기의 안일한 경계로 인한 비극부터 IMF 외환위기와 세월호 사건까지 늘 참사가 터진 뒤에야 뒷북치는 꼴이 다시 생기곤 했다.

"올해야말로 최대의 위기다."

기업의 리더들이 입에 달고 사는 말이다. 직원들은 그 말을 자꾸 듣는 것에 피곤을 호소하기도 한다. 그런데 그 말은 거짓이 아니다. 지금 시대는 위기가 변수가 아니라 상수인 시대다. 늘 위기의 환경에서 기업 경영을 도모해야 한다. 개인의 환경도 마찬가지다. 자고 나면 바뀌는 세상이다. 위험과 위기의 연속이다. 지금까지 괜찮았다고 아무렇지 않았다고 마음을 놓고 있다가 봉변을 당하기도 한다.

모든 사고는 괜찮다는 생각에서 시작된다. "괜찮다."라는 말은 절대로 괜찮지 않다. 이 단어는 머리에서 지워라.

9

{ 자신만의 콘텐츠를 만들어라 }

●

 새로운 것을 배우거나 어떤 주제에 관해 전문적인 지식을 얻으려면 책을 읽거나 강의를 들어야 한다. 지인 중에 좋은 책을 읽고 독후감을 쓰거나 유명인들의 강의를 찾아다니며 듣고 후기를 올리는 분들이 많다. 나도 저자이고 강의를 하는 사람인지라 그런 분들을 보면 특별히 반갑고 감사하다. 그런 좋은 습관을 지닌 사람 중 몇몇은 수년 안에 놀랍게 성장하기도 한다. 그러나 대부분은 몇 년이 지나도 전혀 변하지 않는다. 여전히 책을 읽고 강의를 들으며 열심히는 하는데 성과가 잘 보이지 않는다.

좋은 책을 읽고 좋은 강의를 찾아 듣는 것은 필요하고 또 중요한 일이다. 그런데 그렇게 하는 이유와 목적이 뭘까? 내 삶에 적용하고 실천하기 위해서일 거다. 책은 사거나 읽기 위한 것이 아니라 책에서 깨달음을 얻고 적용하기 위해서다. 강의를 듣는 이유는 박수하기 위해서가 아니라 듣고 돌아서는 것이 아니라 듣고 뭔가를 얻어 내 삶에 적용하기 위해서다.

서당 개 3년이면 풍월을 읊는다는데 3년 정도 남의 강의를 쫓아다녔으면 뭔가 자신만의 콘텐츠를 만들어내야 하지 않을까. 더 쫓아다녀야 할까? 나는 그런 사람들을 강의 쇼퍼라고 부른다. 강의 쇼핑이 더 필요한가? 언제까지 남들한테 박수만 할 건가? 이제 자신이 박수받을 때도 되지 않았나?

남의 인생을 흉내 내는 아류가 되지 말자

앞에서 말한 바와 같이 내가 첫 책을 쓸 때 느꼈던 '긍정적 분노' 이후 더는 박수하지 않고 박수받는 삶을 살기로 인생 각본을 썼다. 더는 독자석이 아니라 작가석에 앉겠다고 스스로에게 약속했다. 여전히 좋은 책을 읽고 좋은 강의를 찾아 듣지만 내 것으로 만들기 위해서 그런 활동을 한다.

워런 버핏Warren Buffett은 "부자가 되는 비결 중 하나는 다른 사람의 좋은 습관을 내 습관으로 만드는 것이다."라고 했다. 부자가 되고 싶은가? 그럼 부자를 동경하고 부러워하는 것에만 그쳐서는 안 된다. 그가 어떻게 부자가 됐는지 살펴보고 그의 좋은 습관을 내 것으로 만들 줄 알아야 한다.

단지 남의 콘텐츠나 인생을 감탄하거나 단순하게 모방하는 것으로는 큰 성과를 거둘 수 없다. 단순 모방은 그대로 베끼는 것에 불과하다. 남의 좋은 글을 내 소셜미디어에 그대로 올린다고 해서 내가 박수받겠는가? 그 박수는 원래 그 글을 쓴 사람에게 돌아갈 뿐이다. 단순하게 모방하지 말고 벤치마킹을 해서 그 박수를 나에게 향하게 해야 한다.

벤치마킹은 단순 모방과 다르다. 원래의 것을 흉내 내는 듯하지만 자신에게 맞도록 바꾼 것이다. 그래서 모방이 아니라 내 것이 될 수 있다. 남의 것을 그대로 가져오는 것은 저작권 위반이다. 인생을 흉내 내는 것도 다르지 않다. 인생의 저작권을 위반하는 것이자 아류 인생을 사는 것밖에 되지 않는다.

인간은 사회적 동물이다. 혼자서 모든 것을 생각하고 일을 진행하지 못한다. 그래서 타인과 환경의 영향을 받을 수밖에 없다. 그러나 남의 좋은 점을 무작정 따라 하다가는 자기 발에 걸려 넘어질 가능성이 크다. 타인의 좋은 습관을 따라 하는 것은 스스로 테스트하고 창의적인 발전으로 이어져야 한다. 설불리 흉내만 내는 것은 나라는 존재와 동떨어진 것이라서 오래 가지 못한다. 그저 수박 겉핥기로 흉내만 내다가 포기하고 만다. 내 인생 콘텐츠를 만들기는커녕 아까운 시간만 허비한다.

멘토를 만나 멘토링을 받는 것도 꼼꼼하게 따져봐야 한다. 멘토링을 해주는 사람은 좋은 의도로 조언을 한다. 그런데 그 조언을 무턱대고 그대로 실행하는 것은 옳지 않다. 맞지 않는 옷을 입는 꼴이 될 수도 있다. 사람들은 저마다 다른 성향과 기질을 가지고 있다. 그 성향과 기질에 맞춰 멘토링의 내용을 받아들여야 한다. 그렇지 않고 시키는 대로 한다면 제대로 될 리도 거의 없을뿐더러 기껏해야 타인의 인생을 아류작으로 살아간다. 이런 인생이 과연 나의 것이라 할 수 있을까? 누가 손뼉을 쳐줄 수 있을까?

박수만 하는 게 아니라 박수받을 인생을 사는 사람은 늘 미래에 시선을 고정한다. 일본의 경영 컨설턴트 간다 마사노리神田昌典는 "99퍼센트의 사람들은 현재를 보면서 미래가 어떻게 될지를 예측하고, 1퍼센트의 사람만이 미래를 내다보며 지금 어떻게 행동해야 할지 생각한다. 당연히 후자에 속하는 1퍼센트의 사람만이 성공한다."라고 했다. 현재만 본다면 주위의 좋은 것들을 베끼려는 유혹을 받기가 쉽다. 그러나 미래를 바라보는 사람은 베낄게 없다. 오로지 자기 인생에서 새로운 도전과 자신만의 인생 콘텐츠를 만들려고 한다. 이런 사람이 성공한다.

나만의 경험과 콘텐츠를 쌓으면 늙지 않는다

영화 「인턴」을 보면 벤은 70대 노인으로 정년퇴직을 했다가 우연히 시니어 인턴 프로그램을 보고 패션 스타트업 회사에 입사한다. 70대에 인턴으로 새로운 삶을 시작했다. 줄스는 창업 1년 만에 200명이 넘는 직원을 둔 회사로 성장시킨 젊은 CEO이다. 벤은 줄스의 비서 업무를 맡았다.

줄스는 나이가 많은 벤이 부담스러워 별다른 일을 주지 않았다. 그러나 벤은 어영부영 시간을 보내지 않는다. 익숙하지 않은 컴퓨터를 젊은 직원에게 배우고 고민 상담도 해주며 회사생활에 적응한다. 어느 날 벤은 줄스의 운전기사가 술을 마신 것을 보고 대신 운전하겠다고 나선다. 그리고 외근을 나갈 때 벤은 내비게이션이 일러주는 대로 가지 않고 자신이 아는 방향으로 운전해 제시간에 목적지에 도착한다. 이런 벤을 보고 줄스는 마음을 열고 이런저런 고민을 털어놓는다. 심지어 회사와 자신의 장래에 관해서도 이야기를 나누는 사이가 된다.

이 영화를 보면서 벤의 인생 각본을 엿볼 수 있었다. 그는 자신이 평생 다녔던 전통적인 제조업체와 사뭇 다른 줄스의 회사에서 새로운 인생을 설계했다. 만약 그가 그저 주위 사람들을 따라 하거나 혹은 아예 다른 문화와 업무 때문에 일찌감치 포기했다면 짧은 인턴의 시간을 보냈을 것이다. 하지만 그는 무작정 따라 하거나 대단한 능력을 보이는 CEO와 젊은 직원들에게 박수만 하지 않았다. 그는 자신의 오랜 경험과 인생의 노하우에 더해 새로운 각본을 쓰고 한층 더 발전했다. 70대의 나이에! 그러니 줄스를 비롯한 주변의 젊은 직원들은 진심으로 그를 존경하고 박수를 보냈다. 벤은 박수받는 인생을 새로이 연 것이다.

영화 「인턴」의 오리지널 포스터에는 "경험은 결코 늦지 않는다Experience never gets old."라는 문구가 적혀 있다. 얼핏 보면 오랜 연륜과 경험을 존중하라는 것으로 보인다. 하지만 나는 좀 다르게 이해한다. 그 경험은 나의 것이다. 나만의 경험과 나만의 콘텐츠는 늦지 않는다. 즉 생명력을 가지고 박수받을 수 있는 자산이 될 수 있다. SNS나 커뮤니티 단톡방에는 좋은 글들이 많이 올라온다. 나는 SNS에 올라오는 많은 글 중에서 좋은 내용이 있으면 그대로 전달만 하지 않는다. 그 내용이 좋다 싶으면 메모해두었다가 반드시 내 삶에 적용하고 실천한 결과물을 만들어 공유한다. 나는 소비자나 전달자가 아니라 재생산자다. 그것은 내 콘텐츠이고 내 지적 자산이다.

  나는 이 주제로 강의를 할 때 청중들에게 박수를 하지 못하게 한다. "이제 박수는 그만하세요. 그만하면 많이 하셨습니다. 이제 박수받으세요"라고 말한다. "이 강의 후 여러분은 박수받는 인생을 목표로 각본을 짜세요."라고 힘주어 얘기한다. 여러분도 이제 박수는 그만하고 박수받는 인생이 되길 바란다.

10

{ 뻔한 사람과 어울리지 마라 }

●

한결같은 사람이 있다. 10년 만에 만났어도 변하지 않은 사람이다. 상대방은 그가 무슨 말을 할지, 어떤 행동을 할지 다 알 수 있는 그런 사람이다. '뻔한 사람'이다. 그런가 하면 오랜만에 만났는데 확 달라진 사람이 있다. 젊은 시절 별다른 주목을 못 받던 사람이었는데 어느 날 보니 범접하지 못할 아우라를 풍기는 사람이 있다. '변한 사람'이다.

사람은 대체로 하루에 500~700개 정도의 의미 있는 단어를 주로 쓴다고 한다. 하루에 모두 사용하는 단어는 이보다 훨씬 많다. 언어학자들에 따르면 남성의 경우 7,000단어, 여성은 2만 단어 정도라고 한다. 그런데 평생 가도 주로 사용하는 단어가 안 바뀌는 사람이 있다. 어제 한 말을 오늘도 하고 내일 또 한다. 말은 많이 하는데 맨날 들어도 그 소리가 그 소리다. 10년 전이나 지금이나 레퍼토리가 똑같다. 누가 떠오르지 않는가. 우리 부모님이 떠오른다. 특히 어릴 적 아버지가 술 취해서 하신 말들이 생각난다. "한 번만 더 들으면 백 번째야. 아이고, 지겨워."라고 형제들끼리 자주 말했던 기억이 난다. 당신의 자녀들은 당신을 어떻게 생각할까.

왜 그럴까? 인풋이 없기 때문이다. 인풋이 없으니 아웃풋이 없다. 책도 신문도 읽지 않고 맨날 만나던 사람만 만나며 새로운 곳을 잘 가지도 않고 새로운 것을 배울 생각도 없다. 새로운 단어를 듣지 않으니 맨날 쓰던 단어만 쓴다.

체험적 지식을 쌓기 위한 공부를 하라

책을 읽어야 새로운 단어가 입력되고 그 단어를 기억해 자주 사용할 때 비로소 내 단어가 된다. 그리고 글을 써야 자신의 생각이 정리되며 그것을 말로 할 수 있게 된다. 또 평소 공부를 꾸준히 해야 오래된 생각이 바뀌고 새로운 생각이 자리잡게 된다. 더 나아가 배움에서 그치지 않고 배운 것을 실천할 때 새로운 습관이 생긴다. 새로운 단어를 쓰고 어제와 다른 말을 하고 안 하던 행동을 하면 새 인격체가 된다. 머리로만 아는 지식이 아니라 체험적 지식이 될 때 어제와 다른 사람이 되고 나날이 성장하는 사람이 된다. 그것이 인생의 과정이고 지혜다.

책을 읽으면 단어가 바뀌고 글을 쓰면 말이 바뀌며 공부하면 생각이 바뀌고 실천하면 습관이 바뀐다. 그때 인격이 바뀌고 인생이 바뀐다. 이런 인생이 재미있는 인생이다. 재미있으니 또 다른 것을 시도한다. 점점 재미있어진다. 10년을 이렇게 하면 누구도 짐작하지 못한 사람이 된다. 10년 전 나를 알고 있던 사람이 지금 나를 만나면 깜짝 놀란다.

단어가 말이 되고 생각이 되고 습관이 되고 인격이 되고 인생이 된다. 그것이 성장하는 인생이고 성공하는 인생이다. 많은 책을 읽으라는 말이 아니다. 아무리 많은 책을 읽어도 내 단어, 내 말, 내 생각, 내 체험, 내 인격으로 바뀌지 않으면 그것은 내 것이 아니다.

뻔한 사람이 아니고 변한 사람이 되기 위해 공부를 해야 한다. 공부는 그저 지식만 쌓는 게 아니다. 공부는 끊임없이 자신의 편견을 고치고 새로운 것을 배워가는 과정이다. 확증 편향에만 빠지지 않는다면 공부야말로 흔히 말하는 혁신의 가장 기본이다. 자신만의 세계에 갇히지 않고 끊임없이 자신의 생각을 파괴하고 발전시키는 게 공부다.

'창조적 파괴creative destruction'라는 말이 있다. 경제학자 조지프 슘페터Joseph Alois Schumpeter가 처음 주장한 말이다. 자본주의의 역동성은 창조적 파괴와 혁신으로 가능하다는 것이다. 낡은 것은 계속 파괴하고 꾸준히 창조와 혁신을 해야 자본주의의 역동성이 유지된다. 이것을 개인의 인생에도 적용할 수 있다. 헤르만 헤세Hermann Hesse의 『데미안』에 "새는 알에서 나오기 위해 투쟁한다. 알은 세계이다. 태어나려고 하는 자는 누구든 하나의 세계를 파괴하지 않으면 안 된다. 새는 신을 향해 날아간다. 그 신의 이름은 아브락사스이다."라는 구절이 나온다. 젊을 때 자신의 한계를 깨고 도약하라는 메시지로 받아들였던 기억이 난다. 그러나 이 구절은 젊은 사람에게만 해당하지 않는다. 인간은 어쩌면 평생에 걸쳐 알을 깨고 나와야 한다.

알을 깨고 나오려면 엄청난 노력과 인내가 필요하다. 알을 깨지 못하면 썩어 문드러지거나 식탁 위에 계란 프라이가 될 뿐이다. 그래서 줄탁동시啐啄同時, 즉 안에서 깨는 것과 함께 밖에서도 알을 깨뜨려줘야 한다. 원래 병아리가 알을 깨고 나올 때 혼자만의 힘으로 깨지 못한다. 안에서 병아리가 껍질을 깨뜨리고 나오려 할 때 어미 닭이 바깥에서 껍질을 쪼아서 깨뜨려준다. 한 인간이 알을 깨고 나오는 것도 똑같다. 외부의 도움이 있어야 한다. 만약 마땅한 외부인이 없다면 공부라는 도움을 받아야 한다. 그래야 낡은 세계를 깨뜨리고 새로운 세상을 맞이할 수 있다.

평생학습을 하면 뇌세포가 늙지 않는다

"평생학습은 당신을 젊게 할 것이다. 평생학습을 하게 되면 뇌세포가 늙지 않는다. 뇌세포가 건강하면 육체적으로도 건강을 유지할 수 있다. 사람은 호기심이 없어지면서부터 늙는다. 배우면 젊어지고 삶을 즐길 수도 있게 된다."

피터 드러커가 한 말이다. 그의 말대로 공부하는 것은 영혼과 육체 모두의 노화를 막는 즐거운 경험이다. 늙고 싶지 않은가? 시간을 거꾸로 돌릴 수는 없어도 현재의 삶을 젊게 살 수 있다.

지나치게 경쟁에 매달릴 필요는 없다. 자신의 행복을 찾는 여정을 굳이 경쟁을 통해서만 찾을 건 아니다. 그러나 낙오는 위험하다. 새로운 지식과 정보를 공부하지 않으면 언제든지 낙오할 수 있는 세상이다. 누가 낙오를 원하겠는가? 세상의 변화 따위 상관없다는 식으로 살겠다면 자연인이 되면 된다. 그런데 자연인도 완전히 세상과 인연을 끊지 못한다. 그들도 문명의 이기와 문화를 이용해야 의식주가 해결되기 때문이다.

사실 삶은 그 자체가 학습이다. 미국의 교육학자 에두아르드 C. 린드만Eduard C. Lindeman은 우리의 삶이 학습으로 가득 차 있다고 하면서 "삶은 곧 학습이다."라고 했다. 그러니 예전이나 지금이나 바뀌지 않고 뻔한 사람으로 남았다는 것은 학습하지 않았다는 뜻이다. 그리고 삶을 제대로 살지 않았다는 뜻이기도 하다. 뻔한 사람이 되지 말고 변한 사람이 되자.

에필로그

내 인생의 전성기는 아직 오지 않았다

"당신 인생의 전성기는 언제였어?"

어느 날 아내가 내게 물었다. 나는 아내에게 언제가 전성기였던 것 같으냐고 되물었다. 아내는 내가 회사 전무나 부사장 할 때 같다고 말했다. 왜 그렇게 생각하는지 물었다. 그러자 그때 명절이면 현관 앞에 택배 상자가 가득 쌓여 있던 것을 딱 집어서 말했다. 그래서 나는 직장 생활을 얼마나 힘들게 했는지를 이야기해줬다. 문과 출신이면서 수학 포기자이고 공간 개념도 없는 내가 건설회사에서 영업을 맡아서 했으니 얼마나 힘들었겠는가. 거래처나 부하 직원들과 도면을 갖다 놓고 모르는 것도 아는 체해야 하고 거기다 제품까지 팔아야 했으니 말이다. 솔직히 그때마다 좌절했고 두려웠다. 아내는 내 이야기를 듣고는 놀랐다. 그러면서 언제가 전성기였느냐고 물었다.

나는 전성기는 아직 오지 않았다고 생각한다. 지금은 그때보다 비록 소득은 줄어들었지만 내가 하고 싶은 일, 좋아하는 일,

잘하는 일을 하니 만족도도 높고 훨씬 행복하다. 하지만 내 전성기는 아직은 아니다. 아마 5년쯤 뒤가 될 것이다. 난 아직도 해야 할 일이 많고 난 아직도 배가 고프다. 이런 나에게 아내는 나이 생각을 하라고 말한다. 언제까지 그렇게 앞만 보고 달려갈 거냐고, 이제 지나온 길도 좀 되돌아보면서 살아야 한다고 말한다.

사실 내 인생의 전성기가 언제일지 나도 모른다. 어느 시점을 내 인생의 전성기라고 규정하는 순간 우리는 내리막길을 걷게 된다. 101세 현역 김형석 교수의 저서 『백 년을 살아보니』에 보면 이런 말이 있다.

"사람은 성장하는 동안은 늙지 않는다. 정신적 성장과 인간적 성숙은 한계가 없다. 노력만 한다면 75세까지는 성장이 가능하다고 생각한다. (중략) 지금 우리 사회는 너무 일찍 성장을 포기하는 젊은 늙은이들이 많다. 아무리 40대라고 해도 공부하지 않고 일을 포기하면 녹이 스는 기계와 같아서 노쇠하게 된다. 차라리 60대가 돼서도 진지하게 공부하며 일하는 사람은 성장을 멈추지 않는다."

나는 그 책을 읽고 인생의 황금기는 60~75세라는 노교수의 주장에 동시대를 막 진입하는 사람으로서 큰 동기부여를 받았다. 경영의 구루 피터 드러커도 60대의 나이에 본격적으로 책을 쓰기 시작했다. 2005년 11월 11일 96세의 나이로 별세할 때까지 정치, 경제, 사회 전반에 걸쳐 무려 30여 권에 달하는 주옥같은 명저들로 전 세계 수많은 사람에게 영향을 끼쳤다.

우리에게 뉴욕 구겐하임 미술관 설계자로 유명한 프랭크 로이드 라이트Frank Lloyd Wright는 19세기 중반에 태어나 19세기 말에 이미 일가를 이루었다. 그는 어떻게 20세기에도 거장으로 남을 수 있었을까? 라이트는 80대의 나이에 그가 남긴 건축물 프로젝트의 3분의 1 이상을 해냈다고 한다. 구겐하임 미술관은 그의 나이 76세에 의뢰를 받아 15년간 지속됐다. 라이트는 건물이 완공되기 6개월 전 1959년 4월 9일 91세의 나이로 사망했다.

한 기자가 그에게 "선생님의 작품 중 최고의 건축물은 무엇입니까?"라고 물었을 때 그는 "그야 다음에 나올 작품이죠."라고 대답했다고 한다. 그의 전성기는 죽는 순간까지 계속됐다. 한 재판에서 재판관과 라이트의 대화는 듣는 사람들의 혀를 두르게 한다.

판사 : 당신은 누구세요?
라이트: 나는 세상에서 가장 위대한 건축가요.
판사 : 어떻게 그런 대답을 할 수 있소?

라이트: 그렇게 말할 수밖에 없소.

꿈, 이왕 꿀 거면 큰 꿈을 꾸자. 이스라엘 전 대통령 시몬 페레스Shimon Peres는 "작은 꿈을 위한 방은 없다."라고 말했다. 꿈꾼다고 다 이루어지는 것은 아니지만 꿈꾸지도 않고 이루어지는 꿈은 없다. 골프 전설 톰 모리스Tom Morris의 유명한 격언이 있다. '지나가지 않으면 결코 안 들어간다Never up, never in.' 홀에 공을 넣으려면 홀까지 공을 보내야 한다. 그렇지 않으면 공을 넣을 수 없다. 이 공을 넣고 못 넣고에 따라 수백만 달러의 상금이 왔다 갔다 한다. 미치지 않으면 미치지 못한다. 못 미치는 것보다 지나치는 게 낫다는 말이다. 인생도 마찬가지다. 작은 꿈을 꾸면 작은 꿈밖에 이룰 수 없다. 거기까지다.

그렇다. 사양 산업은 있어도 사양 개인은 없다. 스스로를 사양시키지 말자. 이 책을 쓰면서 나는 또 꿈을 꾼다. 이 책이 베스트셀러가 돼 출판기념회에 수백 명이 모이고 전국 각 기업에서 초빙돼 강연하는 꿈을 꾼다. 가정행복코치에서 동기부여 강연가로 변신하는 꿈을 꾼다. 내 전성기는 아직 오지 않았다. 당신의 전성기도 아직 오지 않았다.

10년 후 어떤 삶을 살 것인가
자기 인생의 각본을 써라

초판 1쇄 인쇄 2021년 6월 7일
초판 1쇄 발행 2021년 6월 14일

지은이 이수경
펴낸이 안현주

기획 류재운 **편집** 안선영 **마케팅** 안현영
디자인 표지 최승협 본문 장덕종

펴낸 곳 클라우드나인 **출판등록** 2013년 12월 12일(제2013-101호)
주소 우) 03993 서울시 마포구 월드컵북로 4길 82(동교동) 신흥빌딩 3층
전화 02-332-8939 **팩스** 02-6008-8938
이메일 c9book@naver.com

값 16,000원
ISBN 979-11-91334-20-3 03320

* 잘못 만들어진 책은 구입하신 곳에서 교환해드립니다.
* 이 책의 전부 또는 일부 내용을 재사용하려면 사전에 저작권자와 클라우드나인의 동의를 받아야 합니다.
* 클라우드나인에서는 독자 여러분의 원고를 기다리고 있습니다.
  출간을 원하시는 분은 원고를 bookmuseum@naver.com으로 보내주세요.
* 클라우드나인은 구름 중 가장 높은 구름인 9번 구름을 뜻합니다. 새들이 깃털로 하늘을 나는 것처럼 인간은 깃펜으로 쓴 글자에 의해 천상에 오를 것입니다.